علاء الدين صادق الأعرجي

إشكاليّة التربيةِ والتعليم

وإعادة إنتاج التخلُّف

في الوطن العربي

بحث في علاقتها بنظرية "العقل المجتمعي"

(الطبعة الثالثة)

إصدارات دار إي-كتب

لندن، تشرين الأول- اكتوبر 2018

Problematic Education and reproduction
of backwardness in the Arab world
By: Alaeldin Al-Araji
All Rights Reserved to the author ©
Published by e-Kutub Ltd
Distribution: Amazon (**Paperback**). Kindle, Google
Books, Play Store (**Electronic**) & e-Kutub (**Hardback**)
ISBN: 978-1-78058-409-6
Third Edition
London, Oct. 2018

** * **

الطبعة الثالثة،
لندن، تشرين الأول - اكتوبر 2018
إشكالية التربية والتعليم وإعادة انتاج التخلف في الوطن العربي
المؤلف: علاء الدين الأعرجي
الناشر : e-Kutub Ltd، شركة بريطانية مسجلة في انجلترا برقم:
7513024
© جميع الحقوق محفوظة للمؤلف
الموزعون الحصريون: أمازون (للنسخة الورقية)، **كيندل وغوغل بوكس
وبلاي-ستور** (للنسخة الإلكترونية) و"**إي-كتب**" (للنسخة الفاخرة).
لا تجوز إعادة طباعة أي جزء من هذا الكتاب إلكترونيا أو على ورق.
كما لا يجوز الاقتباس من دون الإشارة الى المصدر.
أي محاولة للنسخ أو إعادة النشر تعرض صاحبها الى المسؤولية
القانونية.
إذا عثرت على نسخة عبر أي وسيلة اخرى غير موقع الناشر (**إي- كتب**)
أو غوغل بوكس أو أمازون، نرجو إشعارنا بوجود نسخة غير مشروعة،
وذلك بالكتابة إلينا:
ekutub.info@gmail.com
يمكنك الكتابة الى المؤلف على العنوان التالي:
alaraji@nj.rr.com

الفهرس

تصدير: مقاربة ثرية، معالجة مختلفة 5

الفصل الأول: نحو تحديد المفاهيم 11

"التنميةُ الإنسانيَّة هي تَنميةُ الناس، ومن أجل الناس، ومن قِبَلِ الناس" 14

ما هي التنمية، وما علاقتُها بالتربية؟ 19

مفهومُ التربيةِ وما يختلطُ بها من مُصطَلحات 20

مفهومُ الثقافة.. 26

الفصل الثاني: التربيةُ والتعليمُ في الحضارةِ العربيَّةِ الإسلاميَّة..33

الإسلامُ والتربيةُ والتعليم 36

عصرُ التَدوين 49

معاهدُ العلمِ والتعليم في الحضارةِ العربيَّةِ الإسلاميَّة.. 53

الفصل الثالث: وسائلُ التربيةِ والتعليم في الحضارةِ العربيَّةِ الإسلاميَّة 55

الفصل الرابع: إشكاليَّةُ التربيةِ والتعليم وفلسفةُ التربية 75

حِكايةُ رِحْلة 75

فلسفةُ التربية.. 76

صراع العقلين الفاعل والمنفعل 86

استنتاجات.. 95

الفصل الخامس: وظائفُ التربية وعلاقتُها بالعقلِ المجُتمَعيّ 97

3

مقدّمة 97
وظائفُ التربية 99
تعقيب 107
نظريّاتُ التَربية ونظريَّتا "العَقل المجتمعيّ" و"العَقل الفاعل والعَقل المنفعل" 109

الفصل السادس: آراء بعض المفكِّرين العرب في إشكاليّة التربية والتعليم في الوطن العربيّ 119

خاتمة 145

تصدير

مقاربة ثرية، معالجة مختلفة

من دون تعليم حديث ومتطور، يكسر قيود الارتهان للعقل المجتمعي، المغلق بطبيعته على مفاهيم وقيم وقناعات بائدة، فإنه لا مستقبل لهذه الأمة، ولا سبيل أمامها للخروج من دائرة التخلف.

لقد وضع مؤلف هذا الكتاب هذه الحقيقة بكل جلائها أمام أعين من يريد أن يراها.

ولكنه فعل ذلك بروح مختلفة أيضا. فالذين عالجوا إشكالية تخلف التعليم في العالم العربي، من قبل هذا الكتاب، قدموا إسهامات ثرية للغاية، وستظل جديرة بالاعتبار والتقدير على الدوام. إلا أن الأستاذ الكبير علاء الدين صادق الأعرجي وضع المعضلة في إطار منظور مختلف، أكثر عمقا، بل أكثر صلة بواقع الدوافع التي تجعل التخلف دائرة مغلقة.

إنها دائرة "العقل المجتمعي"، وتاليا "العقل المنفعل"، التي لا تني تدور فتنتج المفاهيم والعادات والقناعات والقيم البليدة نفسها. وهي ذاتها الدائرة التي جعلت من مناهج التعليم حلقة مفرغة، لا تنتج إلا تخلفا، كما لا تنتج إلا المزيد من الأميّة الحضارية التي نغرق في مستنقعاتها.

في فصله الأول، قام المؤلف بتحديد المفاهيم التي يستند إليها، مشددا على أنه **"في الوقتِ الذي يَصنعُ الإنسانُ الحضارةَ عن طريقِ التنمية، يُشكّلُ هو نفسُه هدَفها الأسمى، لأنَّها تُحقّقُ له رفاهيةَ العَيشِ والحياةَ الكريمة، وترفعُ بالتالي مُستوى مُجتمعِه الحضاريَّ بين الأمم".**

ويرى المؤلف أن هناك **"علاقةٌ جدليَّةٌ وثيقةٌ وعميقة متبادلةٌ ومتشابكةٌ، بين هذه العناصِر الثلاثة: الإنسان، التربية، التنمية، وبالتالي الحضارة والتقدُّم".**

ويؤكد على أن **"القُدرةُ المتعاظِمةُ على التطوُّر والنموّ والارتِقاء" في مجتمعٍ ناشئ يستحيلُ أن تتكوَّنَ ثمَّ تنضج إلاَّ إذا سبقَتها ثمَّ واكَبَتْها حركةٌ، بل ثورةٌ تربويَّةٌ موازيةٌ ومُلائِمة."**

وفي فصله الثاني يركز الكتاب على أثر التربية والتعليم في بناء الحضارة العربية والإسلامية. ويرى في هذا الصدد أن "عصر التدوين" إنما نشأ عن حركة فكرية (علمية وفلسفية وادبية وفقهية)، وإنه **"لا بُدَّ من أن يكونَ وراءَها حركةٌ تعليميَّةٌ واسعة. فهذه الحركةُ لا يُمكنُ أن تنتجَ في بيئةٍ جاهلة".**

ويستعرض الكتاب في فصله الثالث وسائل التربية والتعليم في الحضارة العربية الإسلامية حيث تحول التعليم من عمل ذي طبيعة شعبية الى عمل ذي طبيعة مؤسسية وذلك بنشوء المدارس النظامية والمكتبات التي لولا تركيزها على دراسة الفقه على أسس مذهبية لكان بوسعها أن تترك أثرا إيجابيا بدلا من الأثر السلبي الذي نشأ عنها. وهنا يقول **"إنَّ جزءًا كبيرًا من الأسبابِ التي أدَّت إلى ضعفِ العربِ وتخلُّفِهم، في العصر**

الحديث، وبالتالي استغلالهم وإذلالِهم من جانبِ "الآخَر"، هو هذا الخلافُ المذهبيُّ والعقائديُّ الذي ورثناه من تاريخِنا السياسيِّ والمجتمعيّ، والذي تكرَّسَ ونَما، خصوصًا في العصورِ المظلمة؛ فأصبحَ يُشكِّلُ جزءًا رئيسيًّا من "العقل المجتمعي" العربيِّ المعاصِر"

ويحلل الفصل الرابع إشكاليات التربية والتعليم، ويركز بالدرجة الرئيسية على فلسفة التربية. ومن حيث المبتدأ، يرى أننا بينما نمارس عمليات الإنجاب، فإننا نؤديها كنوع من وظيفة بيولوجية، ولا ننظر إليها كعملية خلق كائن بشري جديد. التأدية الأولى تعيد **"تغذيةِ (الطفل) بمفاهيم "العقل المجتمعيّ" السائد وبنفس القِيَمِ المتوارَثة والمكتوبة فيه؛ فيُفضي ذلك إلى جمودِ المجتمع ومُقاومتِه للتطوُّر والتقدُّم"**، بينما يتعين على التأدية الثانية أن تؤهله لملاقاة المستقبل.

ويرى **"أننا نعيد إنتاج التخلف. ذلك لأن عدم توفر الحرية الكافية للتعبير عن الرأي ولاسيما الرأي الآخر، يحدّ من ظهور عقول فاعلة كافية لكسر حلقة التخلف، ما يسفر عن بقائنا ندور في حلقة مغلقة تعيدنا إلى ما كنا عليه في الجيل السابق. والأدهى من ذلك أن الحركات الأصولية المتطرفة ترى أنه يجب أن نُلزمَ أولادنا بمبادئنا ومعتقداتنا الخاصة، ورفض أي فكر مختلف آخر لأنه فكر كافر يجب اجتثاثه وتصفية أصحابه كواجب عين".**

ويشدد المؤلف على أن الصراع بين "العقل الفاعل" و"العقل المنفعل"، **"يشكل واحدة من أهم آليات التقدم، وذلك بسبب الترابط العضوي الشديد بين العقل المجتمعي من جهة، وبين**

عقول الأفراد الأعضـــاء في المجتمع. والمجتمعات التي تكبتُ أو تكبح هذا الصـــراع، أو تكتمه، تنحدر في مســـار لا نهائي للتخلف، بينما المجتمعات التي تخوضه وتكشف عن عناصره وتتعايش معه وتقبل بما يفرض نفسه، تتقدم وتنمو وتزدهر".

أما في الفصــــل الخامس، فقد تناول الكتاب "وظائفُ التربية وعلاقتُها بـالعقلِ المجُتمَعيّ"، كما اســـتعرض أهم النظريات المتعقلة بالتربية وأجرى مقاربة شـــاملة بينها وبين نظرية المؤلف: "العَقل المجتمعيّ والعَقل الفاعل والعَقل المنفعل".

واســـتعرض في الفصـــــل الســـادس "آراء بعض المفكّرين العرب في إشـكاليَّة التربية والتعليم في الوطن العربيّ"، قبل أن يســـتنتج أن **"العقل العربيّ ســـجينُ ســـلطات متعددة، ســـواء رســـميّة أو مجتمعيّة، ثقافيّة ودينيّة، خارجيّة أو ذاتيّة، وكلها تتعاونُ وتتفاعلُ للتأثير المركبِ على طريقة تفكيره ثم على سلوكه وتصرفه ونظرته إلى الأمور".**

ولعل العلة الأهم التي يركز عليها هذا الكتاب إنما تكمن في جمود مناهج التعليم، وجمود وســائله، وفي عجزنا عن مواكبة وسائل التعليم والبحث العلمي الحديثة.

ومن جراء ذلك، فلا غرابة أن تكون الجامعات العربية في آخر السُّلم قياسا بجامعات العالم.

يريد هذا الكتاب أن يصل بقارئه الى استنتاج شديد الأهمية وهو أننا بحاجة الى ثورة تعليمية تُخرج مؤسـسـات التعليم، كما تُخرج مناهجه، من أســر العقل المجتمعي الســائد. ليقول إنه لا مستقبل لهذه الأمة ما لم يكن تعليمها قادرا على أن يكون تعليما

فاعلا، لا تعليما منفعلا بتقاليد وقيم ومفاهيم و عادات مجتمعية مريضة.

يريد الأعرجي أن يرى مناهج تعليم تستند الى تحرير العقل الفردي من القوالب الجاهزة، ومن وسائلها وأدواتها الفاشلة.

ويريد أن يرى تعليما يقوم على الفهم، لا على الحفظ. ويريد لهذا الفهم أن يقوم على أسس التحري الموضوعي عن الحقيقة. كما يريد له أن يكون تعليما قادرا على إعادة اكتشاف الذات، وعلى تقصي المعرفة المتجردة من كل غرض أيديولوجي أو ديني أو تاريخي أو حتى علمي مسبق، حيث يكون كل شيء قابلا للمساءلة والتدقيق وإعادة بناء الصورة.

إنه يريد أن يرى تعليما يطلق العنان لحق المتعلمين بطرح الأسئلة وبالبحث الحر عن إجابات جديدة.

وبعبارة أخرى: إنه يريد تعليما يستند الى طاقة السعي المفتوح الى المعرفة، وليس الى قولبتها بقوالب جاهزة وغير قابلة للنقاش.

لكي نكف عن السؤال: "لماذا تأخرنا وتقدم الآخرون؟"، إنما يقترح الأعرجي أن ننظر في حال التعليم ومؤسساته ومناهجه.

إنه كتاب ثري بتناوله لإشكاليات التربية والتعليم في العالم العربي، ولكنه ثري أيضا بمقاربته المختلفة لتلك الإشكاليات.

ولو أننا انطلقنا لتحرير التعليم من ربقة التخلف والأمية الحضارية الراهنة، فلن يعود هناك مبرر للبكاء على عقود ضاعت، ولا لحسد الآخرين على تقدمهم. لأننا، بتعليم حديث

وقابل للتطور، سوف نعثر على الطريق لكي نحقق لأنفسنا تقدما.

هذا هو دافع هذا الكتاب. إنه دافع نبيل، من مؤلف جند فكره، عبر عدة أعمال كبرى، من أجل تحرير العقل المجتمعي العربي من قيوده وأسواره.

الناشر

الفصل الأول

نحو تحديد المفاهيم

"البشرُ هُم الثروةُ الحقيقيَّةُ للأُمَم.

تكمنُ الثروةُ الحقيقيَّةُ للأُمَّةِ العربيَّة من المحيط إلى الخليج في ناسِها نساءً ورجالاً وأطفالاً. هُم أملُ الأمَّة كما هُم ثروتُها. وتحريرُ هؤلاء الناس من الحرمان بجميع أشكاله، وتوسيع خياراتهم، لا بُدَّ وأن يكونا محورَ عمليَّةِ التنمية في البلدانِ العربيَّة."

(من ديباجة تقرير الأُمَم المتَّحدة للتنميةِ الإنسانيَّة، 2002)

سعيًا وراءَ استكشافِ المجهول وفَضحِ المَحظور، حاولنا في الكتب الثلاثة السابقة،[2] على هذا البحثِ، للتجوُّلَ بين كثيرٍ من

---

[2] - "أزمة التطور الحضاري في الوطن العربي بين العقل الفاعل والعقل المنفعل" و"الأمة العربية بين الثورة والانقراض"، و"الأمة العربية الممزقة بين البداوة المتأصلة والحضارة الزائفة". ويمكن تحميل هذه الكتب الثلاثة من الروابط التالية:

https://drive.google.com/file/d/0B7-yP9NKQgUrR1lITUlkNmUyWjA/view?usp=sharing

https://drive.google.com/file/d/0B7-yP9NKQgUrZHdPdlZCSUtPYTg/view?usp=sharing

الوقائعِ المجتمعيَّة السائدةِ أو البائدة، والتبحُّرَ في العديدِ من المعالِمِ التاريخيَّةِ الشاخِصة أو المندَثرة، والحفْرَ في مختلف المواقعِ الحضاريَّة الماثلةِ أو الزائلة، وذلك بُغيةَ محاولةِ استقصاءِ بعضٍ من الأسباب الجَذريَّة لتفاقُم "أزمةِ التطوُّر الحضاريِّ في الوطن العربي"، أو بالأحرى "كارثةِ التخلُّف الحضاريِّ في الوطن العربيّ"، إذْ آلَينا على أنفُسِنا أن نُثبِتَ أنَّها كانت تُشكِّلُ السببَ الأهمَّ في فشلِنا كأُمَّةٍ عريقةٍ في مُواجهةِ تحدِّياتِ "الآخَر". ذلك الفشلُ الذي تمخَّضَت عنه جميعُ هذه النكباتِ التي مازالت تتوالى على هذه الأُمَّة منذُ قرونٍ طويلة، ثمَّ تفاقَمتْ منذُ بداية القَرن الماضي، ثمَّ استَشرَت وتسارعَت، منذُ مُنتصَفِه حتَّى يومنا هذا، (ونحن في النصف الثاني من عام 2015)، إذ تفجرت عن حروب أهلية ضارية تتوجت بحركة "داعش" الإرهابية القاتلة. كل ذلك يُحذِّرُ من أمرٍ جَلَل يُنبئُ ببوادر انقراضِ هذه الأُمَّة. وقد شَرحتُ أسبابَ ذلك ومؤشِّراتِه الـ17، بالتفصيل، خصوصاً في الفصل الأول التمهيديِّ من كتاب "أزمةُ التطوُّر الحضاريِّ في الوطن العربيِّ بين العَقل الفَاعل والعَقل المُنفعل" (المشار إليه أعلاه). وقد اضْطلعنا بهذه المحاولة من خلال تلك الرحلةِ الفكريَّة، الواقعيَّة، النقديَّة والتاريخيَّة، التي استمرَّت قرابة خمسة عشر عاماً.

وبعدَ أن قُمنا، في الفصول السابقة، التي احتوتها تلك الكتب الثلاثة، بتحليلِ مَظاهر هذه الأزمةِ وأبعادِها ودلالاتِها، وعرَضْنا

---

https://drive.google.com/file/d/0B7-yP9NKQgUrb2tvN3NmUjFqUms/view?usp=sharing

بعضَ النظريَّاتِ المفسِّرة لها، سنشرعُ في هذ الكتاب باستقصاءِ أحدِ المفاصِل الأساسيَّة **للأسباب الأخرى التي تشكل أسَّ المرض، ألا وهي "إشكاليَّةِ التربيةِ والتعليم في الوطنِ العربيّ"، باعتبارها ترتبط ارتباطاً، مباشراً أو غير مباشر، بنظرياتي الثلاث[3] المطروحة في كتبي الثلاثة المذكورة أعلاه. وأرى أنَّ هذه الإشكالية تعتبر من أهم الأسبابِ التي أدَّت إلى استمرارِ الأزمة، بل إلى زيادةِ تفاقُمِها** وتعقُّدها، وربَّما أصبحتْ تُشكِّلُ اليومَ عامِلاً رئيسيًّا في "إعادة إنتاج التخلُّف"، وتكريسهِ بأشكالٍ ومظاهرَ مختلفة، تتضاعف خطورتها بمرور الزمن. علمًا أنَّ "إعادةَ إنتاجِ التخلُّف" أخطرُ جدًّا من واقعةِ التخلُّف عينها، لأنَّ هذه الأخيرةَ تَعني وجودَ إشكاليَّةٍ مُهمَّةٍ لاحظنا وجودَها وأدركنا أخطارَها وربَّما عرفنا أبعادَها، وبالتَّالي نحن بصَدد معالجتِها وحلِّها. أمَّا إعادةُ إنتاجِ التخلُّفِ فمَعناهُ أنَّنا ما

[3] - وهي "نظرية العقل المجتمعي" والتي تستند الى رؤية مفادها أن هناك عقلا مجتمعيا، يتحكم بالعقل الفردي ويقرر وجهته كما يقرر المفاهيم المسبقة التي يبني عليها المجتمع والأفراد تصوراتهم ورؤيتهم ومسالكهم. و" نظرية العقل الفاعل والعقل المنفعل"، والتي تستند رؤية مفادها أن هناك نمطين مختلفين جذريا من العقول، الأول "فاعل" (نقدي ومنتج ومؤثر ودافع الى التغيير ومواكبة متطلبات التطور) والثاني "منفعل" (هو على العكس من الأول، مستسلم للمفاهيم المسبقة، ومتأثر ودافع الى التقليد والركون الى الماضي ورفض التجديد). أما نظرية "عدم مرور العرب بمرحلة الزراعة، على نحو يكفي لمحو الخصائص البدوية" التي ما تزال قابعة في العقل المجتمعي العربي المتخلف، فهي المسؤولة عن عدم نمو المفاهيم التي ترتبط بأنماط الاقتصاد الحديث، الأمر الذي حال دون توفر الفرصة لـ"العقل المجتمعي" العربي لكي ينتسب الى بيئة مفاهيم جديدة تفرضها علاقات ووسائل الانتاج الجديدة.

نزالُ نُعيدُ تكريسَ التخلُّف ونُضاعفُه، إمَّا لعدَم وَعيِنا إيَّاهُ ابتداءً، أو أنَّ إدراكَنا أبعادَه كان ناقصًا، أو أنَّ الحلولَ المُقترحةَ والمُطبَّقةَ كانت فاشِلة.

"التنميةُ الإنسانيَّة هي تَنميةُ الناس، ومن أجل الناس، ومن قِبَلِ الناس"

هذا ما أكَّدهُ تقريرُ التنميةِ الإنسانيَّةِ العربيَّة المشار إليه أعلاه؛ إذْ تبيَّن أنَّ تقدُّمَ الأُمَم يُقاسُ تاريخيًّا، وخصوصًا اليوم، بتقدُّم أبنائِها. فالإنسانُ أعظمُ رأسِ مالٍ بالنسبة لأيَّةِ أُمَّة. فقد أكَّدت المؤسَّساتُ الماليَّة الدوليَّة ولا سيَّما البنك الدوليّ، أنَّ العاملَ الحاكمَ في التقدُّم هو الاستثمارُ الكثيفُ في البشر، أو ما يُسمَّى بناءَ رأس المال البشريّ، أو توفيرَ المواردِ البشريَّة الملائمةِ كمًّا ونوعًا. وتأتي بعدَها المواردُ الطبيعيَّة، مثلُ المياهِ والأرض وثمارها الظاهرة، وثرواتها الباطنة، بدليلِ أنَّ جميعَ هذه الموارِد ستكون عاطلةً أو مُعطَّلة، إذا لم يتمكَّن الإنسانُ المتعلِّم والمتنوِّر، بقُدراته المبدِعة، من استخدامِها وتحويلِها إلى سِلَعٍ وخدماتٍ مفيدةٍ تُساهم في عمليَّةِ التنمية، أو تَسريعِها في ذلك المجتمع أو غيرِهِ من المجتمعات. وبدليلٍ ثانٍ مَفادُه أنَّ الأمَّة العربيَّة، مثلاً، كانت تملكُ ثرواتٍ هائلةً من المواردِ الطبيعيَّة غير المكتشَفَة وغير المستثمَرة، أي أنها كانت عاطلة. ثمَّ اكتُشِفَت واستُثمِرَت من جانبِ "الآخَر"، الذي قامَ من خلال قُدراتِهِ البشريَّة المتنوِّرة والعالِمة أوَّلاً، وبواسطةِ تلك الثرواتِ النفطيَّةِ للبلدانِ العربيَّة

الرخيصة، ثانيًا، بتفجير ثورتهِ الصناعيَّةِ الثانية وثورتهِ المعلوماتيَّة الأُولى، دون أن يساهم العربِ فيها؛ بل ظلَّت البلدانُ العربيَّة في مؤخَّرة بلدانِ العالَم، على الرُغم من ذلك، كما تقولُ تقاريرُ التنمية الإنسانيَّة. وبدليلٍ ثالثٍ هو أنَّ أُمَمًا متقدّمة، مثل اليابان وكوريا الجنوبيَّة وماليزيا وبقيَّة بلدان النمور الآسيويَّة، كان مُعظمُها أكثرَ تخلُّفًا من البلدانِ العربيَّةِ في مُنتصف القرن الماضي، وهي تَفتقرُ إلى مُعظم الثرواتِ الطبيعيَّةِ تقريبًا، وخصوصًا مَصادر الطاقة، وبالرغم من ذلك تمكَّنت، بفضلِ عواملَ أُخرى مُساعِدة، وخصوصًا بواسطةِ قُدراتِ جيلٍ جديدٍ من أبنائها خضعَ لتعليمٍ مُتقدّم، من بناءِ صناعةٍ عصريةٍ مُتقدّمة، بل أصبحتْ تُنافسُ أكبرَ الدول الغربيَّةِ تقدُّمًا. فسنغافورة مثلاً لا تمتلكُ أيَّة مواردَ طبيعيَّة. ومع ذلك تُشير نتائجُ الدراساتِ المقارَنة إلى أنَّه خلال الفترة 1978- 1996، كان مُعدَّلُ نموّ الإنتاجيَّة الكليَّة لعناصِر الإنتاج هي الأعلى في سنغافورة، يَليها تايلانْد ثمَّ ماليزيا.[4]

من جهةٍ أُخرى، **في الوقتِ الذي يَصنعُ الإنسانُ الحضارةَ عن طريقِ التنمية، يُشكِّلُ هو نفسُه هدَفها الأسمى، لأنَّها تُحقِّقُ له رفاهيةَ العَيشِ والحياةَ الكريمة، وترفعُ بالتالي مُستوى مُجتمعِه الحضاريَّ بين الأُمم،** فيُصبح له مكانةٌ يُعتدُّ بها؛ كما حصلَ لليابان والهند اللتَين أصبحتا مُرشَّحتين لدُخول مجلس الأمن كعُضوَين دائمَين. كذلك تَصونُه من تحدّياتِ الآخَر

---

4 - محمود عبد الفضيل: "العربُ والتجربة الآسيويَّة، الدروس المستفادة" (بيروت: مركز دراسات الوحدة العربيَّة، 2000)، ص 27.

"الأكبر"، الذي يستغلُّ الضعيفَ ويحترمُ القويّ. فنحن ما نزالُ نعيشُ في عَالَمِ الغَابِ القديم الذي يأكل فيه القويُّ الضعيف، ربَّما أكثرَ من أيِّ وقتٍ مضى؛ لأنَّ قوَّةَ القويِّ تضاعفتْ ملايينَ المرَّاتِ عن السابق، نتيجةً للتقدُّم الاقتصاديِّ وتطوُّر وسائطِ الإعلام والاتِّصال وتَسارُع التطوُّر الهائل في تكنولوجيا السلاح، وتقدُّم وسائل الإبادةِ الجماعيَّة السريعةِ والحاسمة.

وهكذا، تقومُ إذاً علاقةٌ جدليَّةٌ وثيقةٌ وعميقةٌ، متبادلةٌ ومتشابكةٌ، بين هذه العناصِر الثلاثة: **الإنسان، التربية، التنمية**، وبالتالي الحضارة والتقدُّم.

ففي الوقت الذي يضطلعُ الإنسانُ بالتنميةِ ويحصلُ على ثمراتها، يعودُ إلى زيادةِ تعزيزها وتطويرها، فيستفيدُ من عوائدِها على نحوٍ أكبر، وتتحسَّنُ ظروفُ معيشته. وبذلك يُعيدُ الدورةَ الإنتاجيّةَ السعيدة فتتزايدُ وتيرةُ الحركة الإنمائيَّة. إذاً يعتمدُ نجاحُ هذه العمليَّة المركَّبةِ على مَدى قُدراتِ ذلك الإنسانِ الناتجة عن تربيتهِ وتعليمه. فكلَّما كان مُتنوِّرًا بالمعرفةِ العلميَّةِ ومُسلَّحًا بالدِرَايةِ التقنيَّة، وحائزًا روحَ الإبداعِ والابتكار، مستخدماً عقله الفاعل، ارتفعَت حصائلُ التنميةِ الاقتصاديَّة، وبالتالي التنمية الإنسانيَّة نفسها، ثمَّ الرفاهية والتقدُّم للناس، الأمرُ الذي يزيدُ من قابليَّات هؤلاء الناس في استخدامِ كفاءاتهم في مُضاعفة وتيرةِ التقدُّم. وهذا ما حصَل فعلاً، خاصَّةً منذُ تفجَّرت الثورةُ الصناعيَّةُ الأولى، في أوروبَّا وأمريكا، وما حصل بعد ذلك في اليابان ودُوَلِ النمورِ الآسيويَّة مؤخَّرًا، كما أسلفنا، وصولاً إلى الثورةِ المعلوماتيَّةِ الأخيرة، التي تزدادُ تفجُّرًا في

كلِّ يوم.

أمَّا في الوطنِ العربيِّ فقد حصلَ العكسُ تمامًا. ففي الوقتِ الذي تتمتَّعُ فيه الأمَّةُ العربيَّةُ بالثرواتِ الطبيعيَّةِ من أراضٍ شاسعةٍ ومياهٍ وفيرةٍ لاسيما في الشمال، وكنوزٍ نفطيَّةٍ عظيمة، وموارد بشريَّةٍ هائلة، في جميع أجزائها تقريبًا، فقد فشلتْ في عمليَّةِ التنميةِ فشلاً ذريعًا، بدليلِ ما أعلنَه تقريرُ برنامَج الأُمم المتَّحدة الإنمائيِّ (2002) الذي أثبتَ أنَّها أصبحَتْ تمثِّل واحدةً من أكثرِ المناطقِ في العالَمِ تخلُّفًا، حتَّى بالمقارنةِ مع البلدان الناميةِ الأُخرى أو الفقيرة المحرومةِ من أيٍّ من الثرواتِ الطبيعيَّة.

لماذا حصلَ ذلك؟ **لأننا قصَّرنا في أُمورٍ كثيرة**، تحدَّثنا عن بعضها في بحوثٍ سابقة؛ منها على سبيل المثال: **أننا لم نأخذْ بناصيةِ العِلم والتكنولوجيا مُنذ البداية، ولأنَّنا لم نخلقْ قاعدةً تربويَّةً رصينةً لأولادِنا، وتمسَّكنا بقُشورِ تُراثِنا وتَركنا أصولَه التي تَدعو إلى أخذِ الحكمةِ من أيِّ وعاءٍ خرَجت.** وكلُّ ذلك لأنَّنا خضعنا لعقلِنا المجتمعيِّ الذي تبلْوَر بوجهٍ خاصٍّ خلال الفترةِ المظلِمة. كما خضَعنا لوليدِه الشرعيِّ: عقلِنا المُنفعِل، الذي يُمثِّلُ العقلَ المجتمعيَّ المتخلِّف.

يَقول علي أسعد وَطفة، من جامعةِ الكوَيت: **"العقلُ العربيُّ اليوم، وبفعلِ الصَيروراتِ التربويَّةِ المستمرَّة والفِعلِ الاستلابيِّ الدائم، أصبحَ بطبيعتهِ مُناهِضًا لكلِّ أفكارِ التقدُّم، ومُمتنِعًا، وبصورةٍ ذاتيَّة، على المفاهيمِ العقلانيَّةِ والتنويريَّةِ**

والتقدميَّة."[5]

إذًا من الأسبابِ الرئيسيَّة لِتخلُّفِنا، التي ترتبطُ بعدمِ أخذِنا بالعقلانيَّةِ والعِلم، فشلُنا في تقديم التَربيةِ الملائمةِ والتعليمِ الصحيحِ والجادِّ للإنسانِ العربيّ، كما أعتقد.

فقد فَشِلنا مثلاً في القضاءِ على الأُميَّةِ التي ضربَت فيها الأمَّةُ العربيَّةُ رقمًا قياسيًّا على الصعيدِ العالَميّ، إذْ بلَغتْ 28 في المئةِ في عام 2013. وبلغَتْ لدَى النِساء 60 في المئة كما تشير تقارير المنظمة العربية للتربية والثقافة والعلوم.

والأدهَى أنَّ عددَ الأُمِّيينِ ما يزالُ في ازدياد، كما يَقولُ تَقريرُ التنميةِ الإنسانيَّة لعام 2002 (ص 47). بينما طبَّقتِ اليابانُ التعليمَ الإلزاميَّ منذُ عام 1872، وذلك قبل أن يُطبَّقَ في فرنسا والولايات المتَّحدة، وبعد أن طُبِّقَ في بريطانيا بعامَين فقط.[6] وهكذا، يُشير تقريرُ التنميةِ الإنسانيَّةِ إلى ظهورِ "ثلاث سِماتٍ أساسيَّةٍ على ناتج التَعليم في البلدانِ العربيَّة: تدنِّي التحصيلِ المعرفيّ، وضَعفِ القُدراتِ التحليليَّةِ والابتكاريَّة، واطِّرادِ

---

[5] - علي أسعد وطفة: "مُعادلة التنوير في التربية العربيَّة: رؤيةٌ نقديَّةٌ في إشكاليَّة الحداثة العربيَّة"، في كتاب "التربية والتنوير في تنمية المجتمع العربيّ" (بيروت: مركز دراسات الوحدة العربية، 2005)، ص 71-72.

[6] - "نهضة اليابان، ثورة المايجي إيشين"، دراسات وأبحاث في التجربة الإنمائيَّة اليابانيَّة (بيروت: شركة المطبوعات للتوزيع والنشر، 1996) (ص 177). في الأصل، صدر هذه الكتاب باللغة الإنكليزيَّة من جامعة الأمم المتَّحدة، طوكيو، ثمَّ صدر باللغة العربيَّة بالتعاون مع مركز بحوث التجربة اليابانيَّة، بيروت. قام بالترجمة نديم عبده وفوّاز خوري.

التدهوُر فيها" (التقرير أعلاه، 2002، ص 50). ونحنُ نفسِّرُ جميعَ هذه النتائج المُفزِعة بسيطرةِ العقلِ المجتمعيّ السائد على العقلِ المنفعِل وضمورِ العَقل الفَاعلِ الذي ينـزعُ إلى الإبداعِ والابتكار، كما سنشرحُ ذلك فيما بعد. وكما درَجْنا عليه في بحوثِنا السابقة، سنشرعُ، أوَّلاً، بتحديدِ مفاهيم المصطلحات، لأنَّ ذلك يَقينا من سوءِ الفَهم أو غموضِ المعنَى في ذهنِ القارئ، وربَّما يؤدِّي ذلك إلى سوءِ التفاهُم فيما بعد. وفي كلِّ الأحوالِ فإنَّ تحديدَ معاني المصطلحاتِ على نحوٍ كافٍ أمرٌ ضروريٌّ في أيِّ بحثٍ جادّ، بل مِمَّا يُستحسَنُ فرضُه في جميع المناقشاتِ الفكريَّة بُغيةَ الوصولِ إلى نتائجَ دقيقةٍ ومفيدةٍ للقارئ والمؤلِّف أو المستَمِع والمتكلِّم.

ما هي التنمية، وما علاقتُها بالتربية؟

يَرى أحدُ الباحثينَ المتخصِّصين أنَّ التنميةَ هي "القُدرةُ المتواصلةُ والمتعاظمةُ على التطوُّر والنموِّ والارتقاء." وتتكوَّنُ من محاورَ وأبعادٍ مُتداخلةٍ ومُتفاعلةٍ ومُتلاحمة، يتعذَّرُ الاستغناءُ عن أحدِها دون تأثُّر بقيَّةِ الأجزاء." فلا يُمكنُ تصوُّرُ تنميةٍ اقتصاديَّةٍ مع وجودِ تخلُّفٍ إداريٍّ أو سياسيٍّ أو اجتماعيٍّ أو ثقافيٍّ أو تقنيّ. ولمَّا كانت التنميةُ في هذا الإطارِ التفاعليّ التشابكيّ، فإنَّه يتمثَّلُ فيها نسيجٌ من روابطَ بالغةِ التَعقيد من عواملَ سياسيَّةٍ واقتصاديَّةٍ وإداريَّةٍ وثقافيَّةٍ واجتماعية. "وهي ليستْ مجموعَ هذه العوامل، بل مُحصّلةُ تفاعُلاتٍ مُتعاظمةٍ ومُستمرَّةٍ بين هذه

العوامل. إنَّ التنميةَ عمليَّةٌ مجتمعيَّةٌ واعيةٌ ودائمة، موجَّهةٌ وفقَ إرادةٍ وطنيَّةٍ مُستقلَّةٍ من أجل إيجادِ تحوُّلاتٍ هيكليَّة، وإحداثِ تغييراتٍ سياسيَّةٍ واجتماعيَّةٍ واقتصاديَّةٍ تسمحُ بتحقيق تصاعُدٍ مُطَّردٍ لقُدراتِ المجتمع وتحسينٍ مستمرٍّ لنوعيَّةِ الحياةِ فيه."[7]

من هُنا نُلاحظُ مَدى أهميَّةِ التربيةِ في إرساءِ قواعدِ التنمية. فـ**"القُدرةُ المتعاظِمةُ على التطوُّر والنموِّ والارتِقاء" في مجتمع ناشئ يستحيلُ أن تتكوَّنَ ثمَّ تنضج إلاَّ إذا سبقَتها ثمَّ واكَبتْها حركةٌ، بل ثورةٌ تربويَّةٌ موازيةٌ ومُلائِمة.** وإذْ يقولُ التعريفُ "لا يُمكن تصوُّرُ تنميةٍ اقتصاديَّةٍ مع وجودِ تخلُّفٍ إداريٍّ أو سياسيٍّ أو اجتماعيٍّ أو ثقافيٍّ أو تقنيّ"، فإنَّنا نؤكِّدُ أنَّ أوجُهَ التخلُّف هذه يسبقُها تخلُّفٌ تربويّ، بل تنبثقُ عنه، وتستشري به.

وعلى صعيدٍ أعمق، فإنَّ هذا التخلُّفَ التربويَّ وما يتبعهُ من أوجُهٍ فرعيَّةٍ أُخرى، ذكرَها التعريف، يولَدُ ويحيا وينمو ويتجذَّر في "وحدة مجتمعيَّةٍ" يُسيطرُ عليها "عقلٌ مجتمعيٌّ" متخلِف، يوَلِّد بدَورهِ "عقلاً فرديًّا مُنفعلاً".

مفهومُ التربيةِ وما يختلطُ بها من مُصطَلحات

نستخدمُ باللغةِ العربيَّةِ عدَّة مُصطلحاتٍ تختلطُ أو تتقاربُ أو

[7]- أُسامة عبد الرحمن: "تنمية التخلُّف وإدارة التنمية" (بيروت: مركز دراسات الوحدة العربيَّة، 1997)، ص 17.

تتطابقُ أو تختلف. منها: تربية، تعليم، تنشِئة، تأديب.

تعبيرُ "تربية" مُشتقٌّ في الأصلِ من "رَبَّ" الولدُ ربًّا: ولِيَه وتعهَّده بما يُغذِّيه ويُنميِّه ويؤدِّبه. وربَّ الشيءَ: أصلَحهُ ومتَّنَه؛ وربَّ الدُهنَ: طيَّبه وأجاده (المعجم الوسيط). وفي القرآن الكريم وردَ في هذا المضمون: ﴿وقُلْ ربِّ ارحمهُما كما ربَّياني صغيرا﴾ (الإسراء: 24)، و﴿ألم نُربِّك فينا وليدًا ولبثتَ فينا من عُمُرك سنينَ﴾ (الشعراء: 18).

والمفهومُ العامُّ والشائعُ اليومَ لهذا المُصطلَحِ بالعربيَّة يُطابقُ، إلى حدٍّ بعيد، المعنَى القاموسيّ، أي عمليَّةَ تنشئةِ الإنسان منذُ ولادتِه، وتشتملُ على تغذيتِهِ ماديًّا ومعنويًّا، بما فيها تَثقيفُه وتَعليمُه.

وقد استخدمَ العَربُ، في تُراثِهم القديم، كلمةَ "الأدب" أو "التأديب"، فيقالُ في المعجم: أدَّبَ فُلانًا: راضَه على محاسنِ الأخلاقِ والعادَات، أو دَعاهُ إلى المحامِد، ولقَّنهُ فنونَ الأدب. "وكان الأمراءُ والأغنياءُ يتَّخذونَ لأولادِهم مُعلِّمين خاصِّين. فشَرْقِيّ بنُ القُطاميّ كان وافرَ الأدب، عالماً بالنَسب، أقدَمَه أبو جعفر المنصور ليُعلِّمَ ولدَه المهديَّ الأدَب. والمفضَّلُ الضبيّ كان يؤدِّبُ المهديَّ وقد جمعَ له المفضَّليَّات. والكِسائيّ كان يؤدِّب الأمينَ بنَ هارون الرشيد ويُعلِّمهُ الأدَب. وأبو محمَّد يحيى بن المُغيرة اليَزيديّ لُقِّبَ باليزيديِّ لأنَّه صحبَ يزيدَ ابنَ منصور، خالَ المهديِّ، يؤدِّبُ ولدَهُ، فنُسِب إليه، ثمَّ اتَّصل بالرشيدِ فجعلهُ

مؤدِّبَ المأمون. وكان الفرَّاءُ يؤدِّبُ ولدَي المأمون."[8]

ويمكنُ القولُ إنَّ تعبيرَ "التأديب" يقتربُ من مفهوم كلمةِ "التعليم"، المُستخدَمةِ في عصرنا، أكثر. وهكذا فهو يقتربُ كذلك من مفهوم التَربيةِ الذي سنشرحهُ اكثرَ فيما بعد. فالتعليمُ مصدرٌ مُشتقٌّ من فِعل "عَلَّم".

وردَ في المعجَم: عَلَّمَ تَعْليمًا وعِلاّمًا: عَلَّمه الشيء، جعلَه يتعلَّمُه؛ وعلَّم المعلِّمُ التلاميذ: درَّسهُم.

وهكذا كتبَ ابن سحنون "كتاب آداب المعلِّمين"، وكتبَ نصير الدِّين الطوسيّ "كتاب آداب المتعلِّمين"، وكتبَ ابنُ جَماعة رسالتَه في "تذكرة السامع والمتكلِّم في آداب العالم والمتعلِّم". وقد وردَ هذا التعبيرُ في القرآن الكريم على نطاقٍ واسع: ﴿خلقَ الإنسان... علَّمهُ البيان﴾ (الرحمن: 3-4)، ﴿وعلَّم آدمَ الأسماءَ كلَّها﴾ (البقرة: 31)، و﴿أنزلَ الله عليكَ الكتابَ والحِكمةَ وعلَّمكَ ما لم تكُن تَعلم﴾ (النساء: 113). ومرَّةً أُخرى نُكرِّرُ أنَّ هذه الآياتِ تُوضحُ أنَّ "العِلم" في الإسلام لا يَعني العلمَ بالدِّين فقط، وإنَّما يقترنُ بعلوم الدُنيا، خاصَّةً حينما يُقرَنُ بالحِكمة. ومع ذلك، فإنَّ مفهومَ التعليمِ في العَصر الحديثِ يتَّسعُ لأمورٍ كثيرةٍ لم تكن مَعروفةً في الماضي.

وفي سياقِ التفريقِ بين التربيةِ والتأديب يقولُ محمَّد جَواد

---

[8] - أحمد أمين، استنادًا إلى ابن الأنباري وابن خِلِّكان. انظر: "ضحى الإسلام"، ج 2 (بيروت: دار الكتاب العربيّ ، ط 10، بلا تاريخ)، ص 54.

رِضا: "إنَّ التربية – بمعنى التنشِئة- تذهبُ مذهبًا مُفارقًا لمعنى التأديب، وهي إذْ تجتهدُ أن تُيسِّرَ تلاؤمَ الفردِ مع الجماعةِ في دينِها وأخلاقِها ونظامِها السياسيِّ والاقتصاديّ، هي في الوقتِ ذاتهِ تعملُ على أن توفِّرَ للفردِ شروطَ نموّ قُدراتهِ العقليَّةِ والنفسيَّةِ بما يُعطيهِ وجودًا فرديًّا مُحدَّدًا داخلَ الجماعة. ومن هُنا فإنَّ التربيةَ تَعني النموَّ والزيادَة في الوجودِ الإنسانيّ."[9]

وورَدَ في موسوعةِ الموردِ أنَّ "التربية education عِلمٌ يُعنى بتنميةِ ملَكاتِ الفردِ وتكوينِ شخصيَّتِهِ وتقويمِ سلوكهِ بحيث يُصبحُ عُضوًا صالحًا في مجتمعه. وهي نوعان: التربيةُ الرسميَّة، ويُقصَدُ بها التعليمُ المنظَّم على أيدي المدرِّسين والأساتذةِ في المدارس والكُليَّات؛ والتربيةُ غيرُ الرسميَّة، ويندرجُ تحتَها التعلُّم من طريق المؤسَّسات التي تهدف، في المقامِ الأوَّل، إلى شيء آخرَ غيرِ التعليم النظاميّ.

وهذه المؤسَّساتُ تشملُ الأُسرةَ والهيئاتِ الاجتماعيَّةَ الأُخرى، كما تَشملُ المكتباتِ والمتاحفَ والمساجدَ والكنائسَ والإذاعةَ والتلفزيون والسينما وغيرها. فالآباءُ إنَّما يربُّونَ أولادَهم عندما يُعلِّمونَهم الكلامَ ويغرسون في نُفوسِهم حُبَّ شيءٍ أو كُرهَ شيء..."[10]

ولئن نؤكِّد التطابقَ بين مَفهوم "التنشِئة" ومفهوم "التربية"،

---

[9] - محمَّد جواد رِضا: "العربُ والتربيةُ والحضارة، الاختيار الصعب" (بيروت: مركز دراسات الوحدة العربيَّة، ط 3، 1993)، ص 112.

[10] - منير البعلبكي: "موسوعةُ المورِد"، م 4، ص 27. أنظر كذلك مادَّة education على الإنترنت بوسيط البحث الإلكترونيّ Google

ونوافق على هذا التَعريفِ بوجهٍ عامّ، نُضيفُ أنَّ مفهومَ "التربية" في العَصر الحديثِ يتجاوزُ كثيرًا مفهومَ "التأديب" في الماضي؛ أي إنَّه يَعني، كما لمَّحنا سابقًا، تنشئةَ الولدِ جسديًّا وثقافيًّا ونفسيًّا، منذُ نعومةِ أظفارهِ حتَّى بلوغهِ سنَّ الرجولة. فالتربية بذلكَ تُغطِّي أهمَّ مرحلةٍ من مراحلِ الناشئ، تلكَ التي تُوجِّهُ مجملَ حياةِ الفَرد العقليَّة، أَي أفكارِه ومعتقداتِه وقِيَمِه وخصائصِه النفسيَّةِ والخلقيَّةِ والاجتماعيَّة. بل إنَّ مدرسةَ التحليلِ النفسيِّ تَرى أنَّ السنواتِ الخمسَ الأُولى من حياةِ الطفلِ هي التي تُحدِّدُ مُعظمَ سُلوكهِ في المستقبل. ومع ذلك، إذا أخذنا بعين الاعتبار نتائجَ البحوث الأخيرة في دور الوراثة المؤثِّر في حياةِ الفرد، يمكنُ القول إنَّ النتيجةَ النهائيَّة لتفاعُلِ التربية مع الوراثة هي التي تُحدِّدُ سلوكَ أيِّ فرد. وذلك مع أنَّنا نميلُ إلى الرأيِ القائل **إنَّ التربيةَ الصحيحة يمكنُ أن تُغيِّرَ تأثيرَ الوراثة السيِّئ أو تُعدِّلَه أو تُخفِّفَه، على الأقلّ.**

وفي أَيِّ حال، تشملُ التربيةَ، في نظرنا، جميعَ ما يتعرَّضُ له الناشئُ من ظروفٍ وأحداثٍ وأحوال، ماديَّةٍ أو معنويَّة، منذُ طفولتهِ الأولى، سواءٌ كان في أحضانِ أُمِّه أو مُربِّيته، وفي رعايةِ أُسرته، أو في روضتِه ومدرستِه وجامعته، أو مع أقرانه. لذلك نعتبرُ التعليمَ جزءًا من التربية، فهي تستغرقُ التعليمَ النظاميَّ وتتجاوزهُ إلى التعلُّم الذاتيِّ غير النظاميِّ بما فيه المطالعاتُ الخارجيَّةُ والعلاقاتُ بالأشخاص والجماعاتِ والمؤسَّسات، فضلاً عن وسائطِ الإعلام الحديثة، وخاصَّةً

الإنترنت.

وهكذا نحن **نَرى أن للتربيةِ هدفًا ساميًا ورسالةً اجتماعيَّةً وإنسانيَّةً مقدَّسة: وهي تكوينُ ذاتِ الإنسان، أو بالأحرى تكوينُ "عقلِه" وشخصيَّتِه المتميِّزة، وبالتالي تقريرُ سلوكه، ومستقبلِه ومَنحى حياتِه ومَصيره**، وكلُّها أمورٌ تعتمدُ على نوعيَّةِ تربيةِ ذلك الفردِ ومُفرَداتِها العامَّة والخاصَّة - أي مؤثِّراتها المرتبطة باتِّجاهات المجتمع أو مُتطلِّباتِ "العقلِ المجتمعيِّ" عامَّةً، والخاصَّة المرتبطة بالأسرة والمدرسة، الأب والأمِّ والمعلِّم- المبدئيَّة والتفصيليَّة. ويُلقي هذا المفهوم، الواسعُ والمحدَّد في نفس الوقت، مسؤوليَّةً كُبرى على المربِّين، بمن فيهم الآباءُ والمعلِّمين والمفكِّرين، بالإضافةِ إلى المؤسَّسات التعليميَّة والإعلاميَّة والاجتماعيَّة والسياسيَّة والإداريَّة، خصوصًا المرتبطة بالتربيةِ والتعليم بشكلٍ مُباشر أو غير مُباشر.

وهذا هو المفهومُ الذي سنستخدمهُ في هذا البحث. وسنبيِّنُ مدَى الترابطِ الوثيقِ والتفاعُلِ المتواصِل بين التربيةِ بهذا المفهوم و"العَقلِ المجتمعيِّ" السائدِ لدَى "الوحدة المجتمعيَّة"، أو المجتمعِ الذي يَنشأُ فيه الفَرد، ولاسيَّما من جانبِ تأثير "العقلِ المجتمعيِّ" في أُسس التربيةِ ونوعيَّتها ووسائِلها المتَّبعة في ذلك المجتمع.

ومن جهةٍ أُخرى، سنوضِّح أوجهَ الترابطِ الوثيق بين التربيةِ بهذا المفهوم وتكوين كلٍّ من "العَقل الفاعل" أو" العَقل المُنفعل"، لدَى الفَرد، تَبعًا لذلك العقل المجتمعيّ. ونحاولُ أن نُفسِّرَ ونحلِّلَ أوجهَ الترابُطِ الجدَليِّ (الديالكتيكيّ) الوثيق بين هذه العناصِر

الأساسيَّة الأربعة.

وفي هذا السياقِ سوف نتساءل: كيف يُمكن تغييرُ مبادئ التربيةِ وفلسفتِها، وبالتالي تطويرُ نوعيَّتها وكفاءتها، في مُحيطِ عقلٍ مجتمعيٍّ مُتخلِّفٍ تكوَّنَ لدَى ذلك المجتمع منذُ قرونِ عصر الانحطاط؟ وبذلك تنشأُ مفارقةُ الدجاجةِ والبيضة، حين تظهرُ إشكاليَّةُ التساؤلِ الكُبرى: مِن أين نبدأُ إذًا، هل نَبدأُ بتطوير التربية، أمْ بتطوير العَقل المجتمعيّ، مع أنَّ كلَّ واحدٍ منهما داخلٌ في صميمِ الآخَر؟ وهذا ما سنحاولُ بحثَه في الفصول اللاحقة.

مفهومُ الثقافة

هناك تعبيرٌ آخَر قد يختلطُ مفهومُه بمَفهومَي التربية والتعليم من جهة، كما يختلطُ بمفهومِ الحضارة، من جهةٍ أُخرى، أعني به "الثقافة". وهو تعبيرٌ يدلُّ على مفاهيمَ مُتعدِّدةٍ مُتقاربةٍ أو مُختلفةٍ بل متناقضةٌ أحيانًا. ولكنَّنا سنكتفي بإيجازِهِ في مَعْنَيين رئيسَين.

أوَّلاً: "الثقافة" في العربيَّةِ تُستخدَمُ أصلاً بمعنى الفِطنة والحذَاقة"؛ "ثَقِفَ ثَقَفاً: صار حاذقًا فَطِنًا، فهو ثَقِفٌ. وثَقَّفَ الشيء: أقامَ المعوجَّ منه وسوَّاه، وثقَّف الإنسان، أدَّبه وهذَّبه وعلَّمه. والثقافة هي العلومُ والمعارفُ والفنونُ التي يُطلَبُ الحذقُ فيها، وهو معنًى مُحدَث" (المعجم الوسيط). وهو نفسُ المفهوم المتعارَف عليه عادةً في المجتمعاتِ العربيَّة. فعندما يتحدَّثُ الفردُ

العربيُّ العاديّ، بوجهٍ عامّ، عن "الثقافة"، فهو يُقابلها بـ"الجهل"؛ فيقولُ، مثلاً، هذا شخصٌ مثقَّفٌ وذاك شخصٌ جاهل.

وكلمة ثقافة culture، في الإنكليزيَّةِ والفرنسيَّة، مشتقةٌ من كلمة cultura اللاتينيَّة؛ ومِمَّا تعنيه الفِلاحةُ وتمهيدُ الأرض لها، أو تنميةُ النباتِ أو الحيوان. كما تَعني تنميةَ القُدراتِ العقليَّةِ وتحسينَها بقصدِ تهذيبِ السلوكِ والذوقِ الفنّيِ والأدبيِّ مثلاً، وتوسيعِ مستوياتِ التفكير والحسِّ النقديّ. (أنظر مثلاً المعاجمَ الإنكليزيَّة ومُعجمَ A. Lalande بالفرنسيَّة). كما تَعني "الإلمام بمبادئ العلوم الإنسانيَّة"، فضلاً "عن رهافةِ الحسِّ وانفتاحِ التفكير" (موسوعة المَورد).

وفي هذا المفهوم يختلطُ مفهومُ الثقافةِ بمفهومَي التربيةِ والتعليم، كما يتداخلُ مع مفهومِ الأدبِ والتأديبِ الذي استُخدِمَ لدى العربِ سابقًا. ذلك لأنَّ التربيةَ تهدف، في جُملةِ أُمور، إلى تكثيفِ المعرفة وحُسن السلوك والانسجام مع المجتمع، وهذه من عناصر الثقافة بمعناها الأوّل هذا.

ثانيًا: المعنى الآخَر للثقافةِ قد تجلَّى، أوّلاً وبوجهٍ خاصّ، في كتاب "تايلر"، E. B. Tylor، الصادر عام 1877، بعنوان "الثقافة البدائيَّة" *Primitive Culture*، حيث ساوَى بينها وبين الحضارةِ فقال: "الثقافةُ أو الحضارة، هذا المجملُ المتشابكُ المشتمِلُ على المعرفةِ والعقيدةِ والفنّ والأخلاقِ والقانونِ والعاداتِ وكلِّ القُدراتِ والممارساتِ الأُخرى التي يكتسبُها

الإنسانُ كعُضوٍ في الجماعة."[11]

ونحن نتَّفقُ مع العالِم الأنثربولوجيّ تايلر، في هذا التعريف وذلك بمقدار ما يتعلَّقُ الأمر بالثقافة، لكنَّنا نختلف معه من جهةِ عدم التمييزِ بين الحضارةِ والثقافة. فلكلِّ مجتمعٍ ثقافةٌ معيَّنة، وليسَ بالضرورةِ أن تكونَ له حضارة. باعتبارٍ أنَّ الأخيرةَ تنطبقُ على المجتمعاتِ التي تطوَّرت ثقافاتُها وتهذَّبت، وحازتْ قدرًا معيَّنًا من الرُقيِّ الماديِّ والمعنويِّ في مختلفِ الميادين.

ويُميِّزُ ساطع الحُصَريّ بين الثقافةِ والحضارة بطريقةٍ أُخرى، فيرى أنَّ الحضارةَ قابلةٌ للانتقالِ والانتشار بين الأُمَم، بينما تختصُّ الثقافةُ بكلِّ أُمَّة، أي تظلُّ حبيسةً داخلَ إطارِ المجتمع الذي نشأَت فيه.[12]

وتعليقًا على ذلك نلاحظُ أنَّ صحة هذه المقولة نسبيَّة. فالثقافةُ تنتشرُ أحيانًا مع الحضارة. لذلك أخذَ العربُ من الثقافاتِ الأُخرى، وخصوصًا الفارسيَّة والهنديَّة واليونانيَّة. كما يتعرَّضُ العالَمُ اليوم لِغَزوِ الثقافةِ الأمريكيَّة الصاعدة. علمًا أنَّ التربيةَ يجبُ أن تأخذَ بعينِ الاعتبار هذه النقطة، فتتكيَّفَ معها: تُواجهُها أو تستغرقُها، وَفقَ الأحوالِ والظروف، أي حسب ما تقتضيه مصلحة المجتمع، ولاسيما من حيث حرصه على الاحتفاظ

---

[11] - عبد المنعم الحفني: "موسوعة الفلسفة والفلاسفة" (القاهرة: مكتبة مدبولي، 1999)، مادَّة "ثقافة"، ص 26-29.

[12] - ساطع الحُصريّ: "آراء وأحاديثُ في العلمِ والأخلاقِ والثقافة" (بيروت: 1950)، ص 48.

بهويته وثقافته الأصلية، باعتبارها ثروة إنسانية جديرة بالرعاية والتعزيز. ومع ذلك نلاحظ أن بعض الممارسات الموروثة التي تدخل في ثقافة مجتمع ما، قد تعتبر ضارة بالمجتمع نفسه مثل القتل غسلاً للعار المتبعة في كثير من المجتمعات العربية، المخالف للشريعة الإسلامية. كذلك ختان البنات، و"التطبير"،...إلخ.

وفي إطار التمييزِ بين الحضارة والثقافة، يرى صاحبُ "موسوعة الفلسفة والفلاسفة" أنَّ للثقافة، تاريخًا وتطوُّرًا، و"من المعقول أن نستبقيَ مفهومَ الحضارة للمراحل المتأخِّرة من هذا التطوُّر. وعلى ذلك يكون لكلِّ المجتمعات ثقافتُها، لكنَّ بعضًا منها، دون البعض، هو الذي يبلغُ مرحلةَ الحضارة." (انظر الحاشية 11، ص430).

وسنَدُنا الأهمُّ في التمييز بين الحضارة والثقافة أنَّ المؤرِّخَ المعروفَ أرنولد توينبي A.Toynbee يُبيِّنُ في كتابه "دراسة في التاريخ" *Study of History* أنَّ **الحضارات البشريَّة تنحصرُ، منذ بداية التاريخ المعروف حتَّى اليوم، بإحدى وعشرين حضارة فقط، مع أنَّ هناك آلافَ المجتمعات البشريَّة التي يتميَّزُ كلٌّ منها بثقافةٍ خاصة.**[13] كذلك يُميِّزُ المفكِّرُ قسطنطين زرَيق، في كتابه "في معركة الحضارة"، بين الثقافة

---

[13] - منح خوري، " التاريخ الحضاري عند توينبي "(بيروت: دار العلم للملايين،1960)، ص 12.

Arnold Toynbee. *Study of History*. Abridged (New York: Portland House), p. 72.

والحضارة.

ففي حين يقصدُ بالثقافة culture "جماعَ حياةِ مجتمعٍ من المجتمعات، بدائيًّا كان أو متقدِّمًا راقيا"، فإنَّ مفهومَ الحضارة ينطبقُ على مجتمعٍ "يتميَّزُ بحظوظٍ وألوانٍ من التقدُّمِ والرقيّ"[14]

وعودة إلى تعريف الثقافة في مفهومها الثاني، الذي تتعدَّدُ فيه التعريفات وتتفرَّعُ وتختلف، يمكنُنا القول إنَّ الثقافةَ في مجتمعٍ ما تشملُ كلَّ ما أنتجَه الفكرُ في ذلك المجتمع أو الوحدة المجتمعيَّة، سواءٌ كان فكرًا بدائيًّا أو متقدِّمًا؛ أو كان دينيًّا، غَيبيًّا ميتافيزيقيًّا، أو ماديًّا وتجريبيًّا. ويدخلُ في الإنتاجِ الفكريّ جميعُ الإنتاجِ الأدبيّ والفنِّيّ، والفلسفيِّ والعلميّ. كما تدخلُ في ذلك العاداتُ والتقاليدُ والأعرافُ والمعتقدات بجميعِ أصنافِها. فجميع هذه المفردات، التي يُمكن اعتبارُها معارفَ، بصرف النظرِ عن تقييمها، هي نتائجُ جُهدٍ فكريّ فرديّ أو جَماعيّ، قديمٍ أو جديد، تتراكمُ على مرِّ العصور، ويتداولُها أفرادُ المجتمع، دون تساؤلٍ عن أصلِها وفصلِها، ومدى مِصداقيَّتِها أو حتَّى فائدتِها. ولا يشملُ ذلك مُنتجاتِ الفكرِ المعنويَّة المجرَّدة مثل الأدب والفلسفة والعلوم فحسب، بل كذلك مُنتجاتِه المادِّية، مثل طراز البناء والصناعاتِ الشعبيَّةِ اليَدويَّة والأدواتِ المنـزليَّة وأصنافِ الطعام وطرُقِ طَهوه وتقديمه، وطرازِ اللباسِ والمسكن ووسائلِ الزينةِ واللعب

---

14 صفحة 39 وما بعدها. (أنظر كذلك الأعرجي "أزمة التطوُّر الحضاريِّ في الوطن العربيّ"، ط4 ورقية ص 56).

إلخ.

ولعلَّنا نُلاحظُ أنَّ جميعَ هذه الأمور وغيرَها، مِمَّا يُسهِمُ في تشكيل "الثقافة"، تُعتبَر بمجموعِها جزءًا من "هُويَّةِ" ذلك المجتمع، بالإضافة إلى اللغة (مع إمكان إدخال اللغة على رأس مُفرَدات الثقافة أعلاه)، فضلاً عن التاريخِ المشترَك، وربَّما الدين، ليس بالضرورة كعقيدة بل كثقافة، خصوصًا إذا ارتبط بحضارةٍ عريقة وتاريخ مؤثِّر في تكوين المجتمع وتشكيل بنيتِه الأساسيَّة.

ومن المهمّ أن نلاحظَ أيضًا أنَّ الثقافةَ بهذا المفهوم ترتبطُ بوثوق بـ"العقل المجتمعيّ"، لا سيمَّا إذا حذفنا منها المُعطَيات المادّية مثل الصناعاتِ اليدويَّةِ وغيرِها.

كذلك من الضروريّ أن نُضيفَ إليها "نظامَ القِيَم"، الناتجَ عن جميع تلك الأُمور أو المُعطَياتِ المعنويَّة التي تتشكَّلُ منها الثقافة.[15]

وفي إطار هذا المفهومِ الأخير للثقافة يمكنُ القول إن التربيةَ والتعليم يرتبطان أيضًا ارتباطًا مباشرًا أو غير مباشر بها؛ لأنَّ هدفَهما ووظيفتَهما يرتبطان بالتواؤم مع ثقافةِ المجتمع، أي مع أعرافِه ومُعتقداتِه ومفاهيمِه وقِيَمِه إلخ. مثلما سنشرحه في

---

15 (للنظر في أبعاد "العقل المجتمعيّ" ومفاهيمه، يمكنُ الرجوع إلى كتاب "أزمةُ التطوُّر الحضاريّ في الوطنِ العربيّ"، المشار إليه سابقًا فضلاً عن مجلَّة "صوت داهش"، في عددَي خريف 2003 وشتاء 2004).

"وظائف التربية والتعليم"، في فصل قادم.

الفصل الثاني

التربيةُ والتعليمُ

في الحضارةِ العربيَّةِ الإسلاميَّة

التربيةُ عمَليَّةٌ معقَّدةٌ وخطيرة تُقرِّرُ مُستقبلَ الأُمَّةِ ومصيرَها، خصوصًا لأنَّها تتَّصل مباشرةً بـ"العَقل المجتمعيّ" الذي يعكسُ ثقافةَ الوحدةِ المجتمعيَّة وتاريخَها، كما تتَّصل بعلاقةٍ جدليَّةٍ تَفاعُليَّةٍ مع "العَقل الفَاعل والعَقل المُنفَعل". وقد شرَحنا وبحَثنا بإسهابٍ مفاهيمَ هذه المصطلحاتِ في كتاب "أزمة التطور الحضاري في الوطن العربي" وفي كتاب "الأمة العربية بين الثورة والانقراض". كما ستتَّضحُ بعضُ جوانب علاقاتها المتشابكةِ بالتربيةِ والتَعليم ومصيرِ الأمَّةِ العربيَّة، فيما بعد.

ففي بَحثنا المُستفيضِ عن أزمةِ التطوُّرِ الحضاريِّ في الوطنِ العربيّ، لاحَظْنا أنَّ التربيةَ تُشكِّلُ مفصلاً مُهمًّا من مَفاصِلِ وجودِها، وتُقدِّمُ وسيلةً قد تكون وحيدةً لكَسْرِ الحلقةِ المُفرغةِ التي تَتضمَّنها عمليَّةُ إعادةِ إنتاج التخلُّف؛ هذه العمليَّة، التي اعتبرناها أخطرَ من التخلُّف ذاتِه، لأنَّها لا تَعني فقط تكريسَ التخلُّفِ أو المحافظة على نِسبَته، على الأقَلّ، بل تَعني مُضاعفةَ هذه النِسبة أضعافًا كثيرة على مرِّ الزمن. هذه الحالةُ أدَّت إلى تَزايُدِ تَدهوُرِ

أوضاعِ الأُمَّة، بل ربَّما ستؤَدِّي إلى انقِراضها التَدريجيّ، إذا لم تَتكاتفْ جهودُ عُقلائِها وقياداتِها لاتِّخاذِ خطواتٍ جَذريَّةٍ وجدِّيَّةٍ لإنقاذِها، أو إنقاذِ ما يُمكنُ إنقاذُه، قبل فَوات الأوان، على الأقلّ. وهذا ما شرَحناه بقَدْرٍ من التَفصيل المعزَّزِ بالأمثلةِ والأدلَّةِ والإحصاءات، في الفَصل الأوَّل المُعَنون "الخيارُ الحاسم، النهضةُ أو السقوط" من كتاب "أزمة التطوُّر الحضاريّ في الوطنِ العربيّ". كما شرَحنا ذلك تاريخيًّا وسوسيولوجيًّا في بحث "نشُوءُ الحضاراتِ وسقوطُها بين ابنِ خَلدون وتوينبي، ومصيرُ الحضارةِ العربيَّةِ الإسلاميَّة".[16]

ومن هنا تأتي أهميَّةُ بحثِ مَسألةِ التَربيةِ والتَعليم، وذلك باعتبارِها من الخطواتِ الجَذريَّةِ الهادفَةِ إلى كَسْر حَلقةِ إعادةِ إنتاج التخلُّف، وبالتالي إلى وَقْفِهِ وتحويلِ مَسارهِ السلبيّ إلى مَسارٍ إيجابيٍّ تقدُّميّ، وذلك بواسطةِ إصلاحِ طُرق التربيةِ ومَناهجِ التَعليم - المتَّبَعةِ اليومَ في البلدان العربيَّة - التي تنصبُّ اليومَ على قَمع "العَقل الفَاعِل" لدَى الناشئ لحسابِ "العَقل المنفَعِل" والخاضع "للعَقل المجتمعيّ".

وبعد أن حاولنا تحديدَ المفاهيم في الفصل الأُول، سنستعرضُ في هذ الفصل وما بعدَه الأُسسَ التاريخيَّة والثقافيَّة للتربيةِ والتَعليم في الوطنِ العربيّ، من خلال بحثِ التربيةِ والتَعليم في الحضارةِ العربيَّةِ الإسلاميَّة. ونحن نُلِحُّ على أهميَّةِ فهْمِ هذا الجانبِ من التُراثِ الإسلاميّ، ونُخصِّصُ له فسحةً كافيةً لعدَّةِ

16 ("مجلة صوت داهش"، نيويورك، شتاء 2000، ص 57-73).

أسباب؛ من أهمِّها:

1- يتعذَّرُ فَهمُ أزمةِ التربيةِ والتَعليمِ الراهنة في المجتمعِ العربيّ، بل أيَّة ظاهرةٍ مجتمعيَّةٍ في أيِّ زمانٍ ومكان، دون تفهُّمِ خلفيَّاتِها التاريخيَّة. فالعقلُ المجتمَعيُّ العربيُّ المعاصِر، مثلاً، مشدودٌ بخيوطٍ طويلةٍ ومتينةٍ تمتدُّ إلى عصورٍ بعيدةٍ من التقدُّم والتأخُّر، النهضةِ والسقوط. وقد شرحنا، في مناسبات سابقة، مَدى تأثُّرِ العَقل المجتمعيّ لأيَّةِ وحدةٍ مجتمعيَّةٍ بتاريخِها، بل اعتبرنا الأوَّلَ مرآةً للثاني.

2- إنَّ عصرَ التَدوين، الذي بدأ في مُنتصَفِ القرنِ الثاني للهجرةِ تقريبًا، شكَّل البنيةَ التحتيَّة للحضارةِ العربيَّةِ الإسلاميَّة. وقد استمرَّ تأثيرُ عَصرِ التدوينِ هذا في الثقافةِ العربيَّةِ والإسلاميَّة، وبالتالي في "العَقلِ المجتمعيِّ العربيّ" حتَّى يومِنا هذا، كما سنبيِّنُه أدناه. ونرى استحالةَ تحقيق هذا العَملِ العظيم (عَصر التدوين أو ثورة الفكر) من فراغ، بل لابدَّ من أن تسبقَه وتُعاصرَه وسائلُ تربويَّةٌ وتعليميَّةٌ مُعيَّنة، ينبغي التعرُّفُ عليها، على الرُغم من قلَّةِ مصادرِها التاريخيَّة، أو مُحاولةِ استكشافِها من خِلال "إعادة كتابةِ التاريخِ العربيِّ الإسلاميّ"، كمشروع دعَونا إليه في مقالاتٍ نُشِرَت منذُ سنواتٍ في صحيفة "القُدس العربيّ"، في سياقِ أهمِّ الأسباب التي تدعو لإنشاءِ موسوعةٍ عربيَّةٍ جامعة. كما بحثناه بتفصيل أكثر في دراسة نشرت حلقتها

الأولى في مجلة "الدوحة"[17]

3-نحن غالبًا ما نُطالِبُ بإعادةِ مَجدِ أمَّتِنا التَليد، ولكنَّنا كثيرًا ما نجهلُ تاريخَها ومُلابساتِه، سَلبيَّاتِه وإيجابيَّاتِه. ومن جهةٍ أُخرى، لا يمكنُ أن نُقيِّمَ التاريخ، أيَّ تاريخ، بمعيارِ الحسناتِ والسيِّئات، بل يجبُ فهمُه كواقعٍ حصَل، لنفهمَ تأثيراتِه فينا. وإذا أردنا أن ننقدَه أو نقيِّمَه، فيجبُ ألا نستخدمَ مِعيارَنا الراهن، بل علينا أن نُقيِّمَه بمعيارِ زمانهِ ومَكانه.

ولئن نحرص على وضعه في سياقه التاريخيّ، يجب أن لا نهمل تأثيره على الحاضر باعتباره حلقة من حلقات السلسلة الطويلة لتاريخ المجتمع الذي يتمخض عن تكوين العناصر الرئيسية لـ "العقل المجتمعي" الراهن.

الإسلامُ والتربيةُ والتعليم

"لا تُقصِروا أولادَكم على آدابِكم،
فإنَّهم مخلوقونَ لزمانٍ غير زمانِكم."

الإمام عليّ بن أبي طالب

17 (علاء الدين الأعرجي، "عيون الأحياء؛ نحو إعادة كتابة التاريخ العربي الإسلامي"، العدد 22، أغسطس، 2009).

كان الإسلامُ ثورةً على الجهل: ﴿أفَحُكمَ الجاهليَّةِ تَبغون؟﴾ (المائدة 50). ﴿هل يَستوي الذين يعلمون والذين لا يعلمون؟﴾ (الزمر، 9) ﴿إقرأْ باسْمِ ربِّك الذي خلَق، خلقَ الإنسان من عَلق، إقرأْ وربُّك الأكرم، الذي علَّم بالقلَم، علَّم الإنسانَ ما لم يَعلم﴾ (العلق1-5). والتعليمُ بالقلَمِ في بيئةٍ جاهليَّةٍ يندرُ أن يعرفَ الكتابةَ والقراءةَ فيها أحد، يدلُّ على أهميَّةِ الثورةِ التي فجَّرَها الإسلام ضدَّ الجهل، ومدى اهتمامِه بالقراءةِ والكتابة، في أوَّلِ آيةٍ نزلَت على الرسول. وفي الكتابِ العزيز: ﴿يرفعُ الله الذين آمنوا منكم والذين أُوتوا العِلمَ درَجات﴾ (المجادلة 11). وأضاف ﴿وقُلْ ربِّ زِدْني علمًا﴾ (طه 114). وفي إطارِ التوصِيةِ باستخدامِ "العَقل" الذي يُشكِّل غايةَ عمليَّةِ التربيةِ والتعليم. **يقولُ الرسول (ص): "يا أيُّها الناسُ... تَواصَوا بالعَقل تعرفوا ما أُمِرتم به وما نُهيتُم عنه، واعلَموا أنَّه يُنجدُكم عند ربِّكم." وعن عائشة: "قلتُ: 'يا رسولَ الله، بِمَ يتفاضلُ الناسُ في الدُنيا؟' قال: 'بالعَقل'؛ قلتُ: 'وفي الآخرة؟' قال: 'بالعَقل'. قلتُ: 'أليس إنَّما يُجزَون بأعمالِهم؟' فقال (ص): 'يا عائشة، وهل عملوا إلاَّ بقَدْرِ ما أعطاهُم عزَّ وجلَّ من العَقل؟ فبقَدْرِ ما أُعطوا من العَقل كانت أعمالُهم، وبقَدْرِ ما عملوا يُجزَون.' " وعن أنَس بنِ مالك، قال: "أثنى قومٌ على رجُلٍ عند النبيِّ (ص) حتَّى بَالغوا، فقال (ص): 'كيف عقلُ الرجُل؟'، فقالوا: 'نُخبرُكَ عن اجتهادِه في العبادةِ وأصنافِ الخير وتسألُنا عن عَقله؟' فقال: 'إنَّ الأحمقَ يُصيبُ بجهلِهِ أكثرَ من فُجورِ الفَاجر، وإنَّما يرتفعُ العِبادُ غدًا في الدرجاتِ الزلْفى من ربِّهم على قدْرِ**

عُقولِهم.[18] وحثَّ الإسلامُ على طلبِ العِلم من المهدِ إلى اللَحد، وجَعلَه واجبًا على كلِّ مُسلمٍ ومُسلمة. وقد يُقال إنَّه يقصدُ به العِلمَ بالدِّين؛ لكنَّ القول المأثور "اطلبوا العِلمَ ولو في الصين" يقطعُ الشكَّ باليقين. كما كان حربًا على البداوةِ التي تُشكِّلُ مرحلةً مُتخلِّفةً بالنسبةِ للزراعةِ والصناعة، وخاصَّةً على العصبيَّةِ القبَليَّة. ففي حديث يُنسب إلى الرسولُ (ص) **في خُطبةِ الوداع: "إنَّ الله أذهبَ عنكم نخوةَ الجاهليَّة وفخرَها بالآباء، كلُّكم لآدم وآدمُ من تُراب، ليس لعربيٍّ على عجميٍّ فضلٌ إلاَّ بالتَقوى."**

وفي إطار المجتمعِ العربيِّ الإسلاميّ، سنحاولُ أن نكشفَ عن بعض علاماتِ التقدُّم وإلى جانبِها بعض علاماتِ التخلُّف، نظرًا لترابُط هذَين العامِلَين مع عمليَّةِ التربيةِ والتَعليم التي تتَّصل، على نحوٍ مُباشرٍ وغير مُباشر، بمدَى تقدُّم المجتمع بوجهٍ عامٍ أو تخلُّفه. وسوف نتساءل أحيانًا كيف يُمكن لمجتمعٍ يحملُ كلَّ هذه المتناقضات، وخصوصًا فسادَ الحُكم، على المستوى الشعبي وقهرَ الرعيَّة، وغير ذلك من الأوصاب، أن يتقدَّمَ على غيرهِ من المجتمعاتِ المعاصرة والسابقة، أو تنشأَ فيه طبقةٌ من العلماءِ والمفكِّرين المتميِّزين، حتَّى بدأت النهضةُ الأوربيَّة الحديثة؟

فمع أنَّ الإسلام قد شدَّد على قيمةِ العلم والمعرفة للجميع، فضلاً عن العَدل والمساواة، فإنَّ فسادَ الحكَّامِ واستبدادَهم، بعد الخلافةِ الراشدة، أدَّيا إلى عَزلِ السُلطة عن الشَعبِ الذي كان يرسفُ في

---

[18] وردَت هذه الأحاديثُ في كتاب "إحياءُ علوم الدين" للغزالي، في الباب السابع: في العقل وشرفِه وحقيقته وأقسامِه (القاهرة: دارُ الشعب، سلسلة "كتاب الشعب" (بلا تاريخ)، ص 141-144).

غياهبِ الجهلِ والفقرِ والظُلم. وخضعَ كثيرٌ من رجال الدِّين، وهم الطبقة المتنوِّرة الأعمّ في ذلك الوقت، إمَّا قهرًا أو تزلُّفًا، للحُكَّام، بل أخذوا يُبرِّرون حُكمَهم بالقول: "مَن اشتدَّت وطأتُه وَجبَت طاعتُه." ونذكِر بقول الشَاعر:

أَطيعوا أَولياءَ الأمرِ فيكم

وإن كانوا بُغاةً فاجرينَا

وبعد خلافةٍ قصيرةٍ لفترة سنتَين وثلاثة أشهر، ماتَ الخليفةُ الصالح عُمرُ بنُ عبدِ العزيز، وخلَّفَه يزيدُ بنُ عبدِ الملِك. ويَروي السيوطي، صاحبُ "تاريخ الخلفاء"، أنَّه أتى بأربعينَ شيخًا شهِدوا له "ما على الخليفةِ من حسابٍ ولا عذاب." وبذلك منَحوه رخصةً كاملةً بأن يظلمَ بدون حُدود ويتهتَّكَ بلا رَادع، فكان صريعَ الغواني حقًّا وحقيقة.[19] ويقول المستشار محمَّد سعيد العَشماوي: "أُبيحت كلُّ حُرمة، وانتُهِكَت كلُّ قيمة، وزُيِّفت كلُّ المبادئ... وذابت قِيَمُ الإسلامِ السامية، وامَّحت مُثلُ القرآنِ العُليا، وعادَ المسلمون القَهقرى إلى أخلاقيَّاتِ الجاهليَّة وسُلوكيَّاتِ ما قَبل الإسلام... **خُلقٌ جاهلٌ وتصرُّفٌ جاهليٌّ في شتَّى عُصور الخلافةِ بعد عُمَر بن الخطَّاب (باستثناء خلافة عليّ بن أبي طالب—ولم تكُن مُستقرَّة—وخلافةِ عُمَر بنِ عبدِ العزيز، ومُدَّتها عامان وثلاثة**

---

[19] فرَج فودة: "الحقيقة الغائبة"، طبعة خاصَّة بلا تاريخ ، ص82.

أشهر)."[20] ومع ذلك فقد أحرزَ المسلمون تقدُّمًا حضاريًّا شامخًا، وهذا ما سنوضِّحُه في ما بعد.

وفي زمنِ أبي جعفر المنصور قال سليم بنُ يزيد العَدَوِيّ، وهو من أصحاب واصِل بن عطاء:

حتَّى متى لا نَرى عدلاً نُسَرُّ بهِ

ولا نَرى لِوُلاةِ الحقِّ أعوانَا

مُستمسكين بحقٍّ قائمين بهِ

إذا تَلوَّن أهلُ الجَورِ ألوانَا

يا لَلرجالِ لداءٍ لا دواءَ له

وقائدٍ ذي عَمىً يقتادُ عُميانَا

وتغصُّ "لُزوميَّاتُ" المعرِّي بفَسادِ الحُكَّامِ وجَورهم:

ظلموا الرعيَّة واستجازوا كَيدَها

فعدَوا مصالحَها، وهُم أُجَراؤها

وهنا نتنسَّمُ نظريَّةَ "العقد الاجتماعيّ" التي قال بها جان جاك روسّو في القرن الثامنَ عشر. ويقول المعرّي أيضًا:

يَسوسون الأنامَ بغير عقلٍ

---

[20] محمَّد سعيد العشماوي: "الإسلامُ السياسيّ" (القاهرة: 1989)، ص10، عن محمَّد عمارة، "سقوط الغلو العلمانيّ" (القاهرة: دار الشروق، 1995)، ص 112.

فينفذُ أمرُهمْ ويُقالُ ساسَهْ

فأُفَّ من الحياةِ وأفَّ منّي

ومن زمنٍ رئاستُه خَساسَهْ

وهناك كثيرٌ من الرواياتِ المتواتِرة عن ظُلم الخلفاءِ وجَورهم، ذكرتُ بعضَها في بحث "القضاء والقدَر مُقابل مسؤوليَّة الإنسان، من تجلّيات العَقل المجتمعيّ"[21]

ومع ذلك كانت هناك فئةٌ قليلةٌ من الفُقهاء ظلَّت تُعارضُ بشجاعةٍ الاستبدادَ والظُلم. منهم الحسَن البصريّ في زمنِ الأُمويّين، وخصوصًا تحدِّيهِ لعبدِ الملك بنِ مروان (أنظُر بحث "القضاء والقدر" أعلاه)؛ وأبو حَنيفة الذي عصى أمرَ المنصور في تسلُّم القضَاء، فأمرَه بعَدِّ اللِبن في بناءِ بغداد عقابًا له؛[22] وابنُ حَنبل الذي تعرَّضَ للتعذيب لأنَّه كان يُعارضُ رأيَ الخليفةِ المأمون بخَلْق القرآن.

وفي هذا المجتمع الـمُنشطِر، قسَّم أحدُهم الطبقاتِ المجتمعيَّة إلى: "ملوك قدَّمهم الاستحقاق، ووُزراء الفطنة والرأي، وعِليَّة أنهضَهم اليسار، وأواسطَ أَلحقَهم بهم التأدُّب، و'الناس' بعدَهم زبدٌ جُفاء وسَيلٌ غُثاء، لُكَعٌ ولَكاع ورَبيطةُ **اتَّضاع**، همُّ أحدِهم طعمةٌ

21 (مجلة صوت داهش، صيف 2005).

22 أحمد أمين: "ضُحى الإسلام" (بيروت: دار الكتاب العربيّ، ج 3، ط10، بدون تاريخ)، ص 185. تختلفُ الرواياتُ في كيفيَّة موت أبي حنيفة، لكنَّ الأكيد أنَّه تُوفِّيَ بعد وقتٍ قصير من استدعاء المنصور له. وقبرُه متميّزٌ في بغداد, ويُسمَّى "المُعظَّم" نسبةً إلى لقبِه "الإمام الأعظم".

ونَومة."[23] وهؤلاء "الناس" ظلُّوا يُمثِّلون الأغلبيَّةَ الساحقةَ في المجتمعِ العربيِّ الإسلاميّ. ونتيجةَ هذا التفاوُتِ الطبقيِّ الكثيف "نشأت ازدواجيَّةٌ في التربيةِ العربيَّةِ الإسلاميَّةِ تتمثَّلُ في تقديمِ تربيةٍ خاصَّةٍ لأبناء الخاصَّة تضمُّ الدِّينَ واللغةَ والأدبَ والعلومَ والفنونَ والفروسيَّةَ وقواعدَ السلوك... وكلَّ ما يؤَهِّلُ هؤلاء للوظائفِ الجليلة التي يُتوقَّع منهم أن يَشغلوها. أمَّا العامَّة فكان تعليمُهم يقتصرُ على القرآن ومبادئ الدِّين وبعضِ مبادئ النَحْوِ الضروريَّةِ لقراءةِ القرآن."[24]

وكمثالٍ على تربيةِ الطبقةِ العُليا وترفُّعِها عن العامَّة، يروي الفقيه أبو داوود سُليمان السجستاني (202-275هـ) أنَّ الأمير أحمد، شقيقَ الخليفةِ المعتمِد، طلبَ منه "أن ترويَ لأولادي في كتابِ السُنن... وأن تُفرِدَ لهم مجلسًا للرواية، فإنَّ أولادَ الخُلفاء لا يَقعدون مع العامَّة." ولـمَّا اعترضَ الفقيهُ قائلاً: "أمَّا هذا فلا سبيلَ إليه لأنَّ الناسَ شريفَهم ووضيعَهم في العِلم سوَاء،" وافق الأمير "على أن يُضرَبَ بينَهم سِتْر."[25] (نقلاً عن ابن عساكر: "تاريخ مدينة دمشق") لاحِظْ هنا أنَّ "العَقل المجتمعيّ" الذي يخضعُ له الأمير لا

23 آدم مِتز: "الحضارةُ الإسلاميَّة في القرن الرابع الهجريّ"، نقلَه إلى العربيَّة محمَّد عبد الهادي أبو ريدة (القاهرة: مطبعة لجنة التأليف والترجمة والنشر، 1940-1941، ج 1)، ص1-2.

24 ملكة أبيض: "التربية والثقافة العربيَّة الإسلاميَّة في الشام والجزيرة خلال القرون الثلاثة الأولى للهجرة" (بيروت: دار العلم للملايين، 1980)، ص90 - عن محمَّد جواد رضا: "العربُ والتربية والحضارة، الاختيار الصعب" (بيروت: مركز دراسات الوحدة العربيَّة، ط 3، 1993)، ص93.

25 المصدر السابق (ص 208).

يتَّبعُ مبادئَ الدِّينِ التي تَدعو إلى المساواةِ بين الناس في تحصيل العِلم، لأنَّ مبادئَ العَقلِ المجتمعيِّ أقوى من الدِّينِ والقوانينِ المكتوبة بوجهٍ عامّ. وهذا ما نؤكده في مختلف كتاباتنا حول تأثير العقل المجتمعي. (ولاسيما في كتاب "الأمة العربية بين الثورة والانقراض" وكتاب "أزمة التطور الحضاري في الوطن العربي").

وعلى الرّغمِ من ذلك، **كان لاختلاط العَربِ بالثقافاتِ الأُخرى دورٌ كبيرٌ في دَفعِهم إلى العِلمِ والتعلُّم.** فمنذُ وقتٍ مُبكرٍ بعد فَتحِ الشام، شرعَ المسلمون بإرسالِ أولادِهم إلى الكتاتيبِ التي كان يُديرها النَصارى لتعلُّمِ القراءةِ والكتابة[26]. واتَّخذ مُعاوية زمرةً من نصارى الشام ليُعينوه في إدارةِ الدَولة وتنظيمِ شؤونها "فاتَّخذ سرجونَ بنَ منصور رئيسًا للديوان وقنان بن متَّى كاتبًا وابنَ أثال طبيبًا"[27].

ويقول أحمد أمين إنَّ المدارسَ السريانيَّة ظلَّت مفتوحةً في عهدِ الدَولة الأُمويَّة كما كانت، ولم يتدخَّل الخلفاءُ في شؤونِهم إلاَّ عندما يحتدمُ النـزاع الدينيُّ فيما بينَهم (أي بين النصارى أنفسِهم)، فيلجأ بعضُهم إلى الخليفةِ يَستنْصرُه. واشتُهِرَ من العُلماء السريان، في ذلك العَصر، يعقوب الرُّهاوي (640-708 م تقريبًا) الذي تَرجم كثيرًا من كتاب "الإلهيَّات" اليونانيّ. ولهذا الرجُل فضلٌ كبيرٌ في تعليم الناشئةِ من المسلمين، إذ أفْتى رجالُ الدِّين من النصارى بأنَّه يحلُّ لهم أن يُعلِّموا أولادَ المسلمين التَعليمَ الراقي. "وهذه الفتوَى

---

[26] المصدر السابق (ص 85)
[27] المصدر السابق (ص 94)

تدلُّ من غير شكٍّ على إقبالِ بعضِ المسلمين، منذُ ذلك العصر، على الدراسةِ في كتاتيب المسيحيين. وتردُّد النصارى أوَّلاً في تعليمهم... **ولمَّا جاء دَورُ نقلِ الفلسفةِ والعلوم إلى العربيَّة في العهدِ العبَّاسيّ، كان لهؤلاء السريانيِّين الفضلُ الأكبر في التَرجمة، أمثال حُنَين بن إسحاق، وابنِه إسحاق، وابن أختِه حُبَيش."**[28]

لذلك يرى أحمد أمين، خلافًا لما هو شائع، أنَّ الثقافةَ اليونانيَّة قد أثَّرت في العَقل العربيِّ قبل العَصر العباسيّ، ويُضيف: "الآن نستطيعُ أن نفهمَ أنَّ الثقافةَ اليونانيَّة كانت مُنتشرةً في العراق والشام والإسكندريَّة، وأنَّ المدارسَ انتشرَت على يَدِ السريانيِّين. وأنَّ هذه المدارسَ وهذه التعاليمَ أصبحت تحت حُكم المسلمين، وامتزجَ هؤلاء المحكومين بالحاكمين. فكان من نتائج هذا أن تشعَّت [تشبَّثَت] هذه التعاليم في المَلَكة الإسلامية، وتزاوَجت العقولُ المختلفة، كما تزاوجت الأجناسُ المختلفة، فنتجَ عن هذا التزاوُج الثقافةُ العربيَّةُ أو الإسلاميَّة، ونتجتِ المذاهبُ الدينيَّة والفلسفةُ الإسلاميَّة والحركاتُ العلميَّة والفنون الأدبيَّة"[29].

ويؤكِّدُ أحمد أمين انفتاحَ العرب على الثقافاتِ الأُخرى منذُ وقتٍ مُبْكر، ويقول: "ولا يقدحُ هذا في أيَّة أُمَّة، فالعِلم مُلكٌ شائع، ومرفقٌ مُباحٌ يغترفُ منه الناسُ جميعًا. وإنَّما الذي يقدحُ في الأمَّة حقًّا أن تُغمضَ عيونَها، وتَسدَّ آذانَها عمَّا حولها من نظريَّاتٍ وأفكار، وأن

---

28 أحمد أمين: "فجرُ الإسلام" (بيروت: دار الكتاب العربيّ، ط11، 1975)، ص 132.

29 المصدر السابق (ص 132)

يدفَعها تعصُّبها الأعمى إلى أن تنسبَ لنفسها ما ليس لها، وتَعزو إليها خلقَ ما لم تخلق، وابتداعَ ما لم تبدع"[30].

وهذا نقدٌ واضحٌ للأمَّةِ العربيَّةِ التي تخلَّفت اليوم عن رَكبِ الحضارة الحديثة لأنَّها صمَّت آذانَها وأغمضَت عيونها عمَّا حولها لفترةٍ طويلة. بل عارضتْ ورفضتْ مبدأَ الديمقراطيَّة، مثلاً، باعتبارِهِ يتعارضُ مع الدِّين الإسلاميّ. ولكلِّ حادثٍ حديث.

ويقسمُ محمَّد جواد رِضا الفكرَ التربويَّ الإسلاميَّ إلى ثلاث مراحل:

1) من هِجرةِ الرسول (ص) حتَّى قيامِ "دار الحكمة" في بغداد عام 217هـ/ 832 م.

2) من قيامِ "دار الحكمة" حتَّى إنشاءِ "المدرسة النظاميَّة" في بغداد حوالى سنة 462هـ/ 1065 م.

3) ما بعد النظاميَّات حتَّى سقوطِ الخلافةِ العثمانيَّة، في عام 1924.

ويُركِّزُ على المرحلتَين الأُولى والثانية؛ أمَّا الثالثة فيرى أنَّها لا تستحقُّ البحثَ لأنَّها تتَّسمُ بالتقليد والجمُود.

ويرى أنَّ المرحلةَ الأُولى تتميَّزُ فكريًّا وتربويًّا بهيمنةِ الفِكر الدينيِّ شبهِ المطلقة وشُيوعِ الاتِّباع أو التقليدِ الذي كان استمرارًا طبيعيًّا لزمنِ الرسول ومحاولةِ الثبات عليه[31]. ونرى أنَّ هذا الحُكمَ

---

[30] المصدر السابق (ص 134)

[31] محمَّد جواد رضا، المرجعُ الوارد في الحاشية 6، ص 95.

يتَّسمُ بالتسرُّع. صحيحٌ أنَّ مبادئَ هذا الدِّين الجديد قد طغَت على مُعظمِ مَناحي الحياة، كأيِّ إيديولوجيَّةٍ جديدةٍ يؤمنُ بها مُعظمُ أفرادِ المجتمع كعقيدةٍ مُقدَّسة. ولكن ينبغي أن نُلاحظَ أنَّ قِيمَ "العَقل المجتمعيّ" السابقة لا تزولُ هكذا بجرّة قَلم؛ فقد ظلَّ الصراعُ مستعرًا بين القِيَمِ الثوريَّةِ التقدميَّة الجديدة التي أثَّرت في العَقلِ المجتمعيّ، وبين تلك القِيَم البدويَّةِ المتخلِّفةِ التي كانت سائدةً في العَقلِ المجتمعيِّ الجاهليّ، والتي استمرَّت بعد الإسلام، بل إلى يومنا هذا، بأشكالٍ مُختلفة. وقد عالجنا هذه الظاهرةَ في بحثٍ سابق.[32] ومن جهةٍ أُخرى، فإنَّ التزامَ تعاليمِ الدِّينِ الجديد لم يَكن حَرفيًّا أو دقيقًا كما يُوحي به تَعبيرُ الكاتب، بل حصلتِ اجتهاداتٌ وخروقاتٌ منذ خلافةِ أبي بَكر ثمَّ عُمَر، اقتضَتْها الظروفُ الآنيَّة والمصلحةُ العامَّة. وقد فصَّل محمَّد عابد الجابريّ ذلك في كتابهِ "الدِّين والدولة وتطبيق الشريعة".[33]

أمَّا بعد الخلافةِ الراشدة فقد حصلَت تغيُّراتٌ جوهريَّةٌ في بِنيةِ العَقلِ المجتمعيِّ العربيِّ الإسلاميِّ بسببِ بدايةِ التفاعُلِ مع الحضاراتِ الأُخرى كما فصَّلنا سابقًا. لذلك كنَّا نفضِّلُ أن يَفصِلَ

---

32 أنظر بحوثي حول نظريَّة البداوة في "صوت داهش"، في خمسة أعداد: من ربيع 2004 إلى شتاء 2005.(جُمعت في كتاب" الأمة العربية الممزقة بين البداوة المتجذرة والحضارة الزائفة" طبعة أي –كتب،لندن، 2015). انظر كذلك محمَّد سعيد العشماوي، في كتابه "معالمُ الإسلام" ص 18-19 و22-23 وكتاب "الإسلام السياسيّ" ص10، عن محمَّد عمارة، "سقوط الغلو العلمانيّ" (القاهرة: دار الشروق، 1995)، ص112-113.

33 محمَّد عابد الجابري: "الدِّينُ والدولة وتطبيقُ الشريعة" (بيروت: مركز دراسات الوحدة العربيَّة، 1996).

المؤلِّف بين هذه المرحلةِ والتي قبلها، ويعتبرَها مرحلةً جديدةً تُمهِّدُ لمرحلةِ عصرِ المأمون التالية، أو لعَصرِ التدوين كما نَرى؛ فتُصبح المراحلُ أربعَ بدل ثلاث. ويعترفُ المؤلِّف بحقيقةٍ تُميّزُ هذه المرحلة (مرحلة ما بعد الخلافة الراشدة، أي الثانية في نظرنا) حين يقول: "إنَّ هذه النيَّة الرفيعة في نَقاء العقيدةِ وصفائها كانت غيرَ مُتناغمةٍ مع تحوُّلاتِ الواقع الثقافيِّ الذي وجدَ العربُ أنفسَهم فيه، بعد الفتوحِ الإسلاميَّة ومخالطتِهم المِللَ الأُخرى وتذوُّقِهم ما عندَها من فنونِ العِلم والإدارةِ والآدابِ والتعليم." ثمَّ يؤكِّدُ اهتمامَ العَرب، في تلك المرحلةِ المبكرة، بما لدى الأُممِ الأُخرى من ذخائرِ الحكمة، فأقبلوا على ترجمةِ بعضٍ ممَّا يتعلَّق خاصَّةً بالنجوم والتاريخ والسِيَر. ويُشير إلى أنَّ خالد بن يَزيد بن مُعاوية هو أوَّل من ارتبطَ اسمهُ بالترجمةِ من اليونانيَّة، متأثِّرًا بعواملَ تربويَّةٍ مُختلفة. فقد أشرفَ على تربيتهِ العلميَّة راهبٌ نصرانيٌّ اسمُه مريانوس، لذلك اهتمَّ خالد بالكيمياء والتنجيمِ والطبّ. ويُضيف: "على أنَّ الاحتكاكَ الثقافيَّ بين العَرب وغيرِهم سُرعانَ ما تجاوزَ طبيعَته الفرديَّة ليتحوَّلَ إلى ظاهرةٍ ثقافيَّةٍ راحت تفعلُ فِعلَها في التمهيدِ لخَلق الثقافةِ العالميَّة التي ازدهرَت في القرونِ التالية"[34]. وهكذا نؤكِّد مجدَّدًا أهميَّةَ اعتبارِ هذه المرحلةِ مُستقلَّةً عن المرحلةِ السابقة.

وبما أنَّ اللغةَ العربيَّة أصبحَت تُمثِّل، في هذه المرحلة، اللغةَ الرسميَّةَ ولُغةَ الإيمانِ والعَقيدة، فقد أقبلَ المَوالي على تعلُّمِها وتعليمِها لأولادِهم، فأتقَنوها بل حذقوا فيها، حتَّى إنَّ الخليفةَ عبد الملك بنَ مروان، الذي كان مُتعصِّبًا للعَرب، اختار إسماعيل بنَ

---

[34] محمَّد جواد رضا، ص 96.

عبيد الله بن أبي المهاجر لتعليمِ أولادِه اللغةَ العربيَّة. وقال في "معرض الاستعبار": "ما رأيتُ مثلَنا ومثلَ هؤلاء الأعاجم. كان المُلكُ فيهم دهرًا طويلاً. فو الله ما استعانوا منَّا إلاَّ برجُلٍ واحد (يقصد النعمان بن المنذر)، ثمَّ عَدوا عليه فقَتلوه. وإنَّ المُلكَ فينا منذُ هذه المدَّة وقد استعنَّا منهم برجال. وهذا ابنُ مُهاجر يُعلِّمُ ابنَ أمير المؤمنين العربيَّة."[35] وفي هذا التصرُّف، وما تبعَه من مظاهر التلاقُحِ والتأثيرِ والتأثُّر، حكمةٌ وعبرةٌ لمن يَعقلُ ويَعتبر، لاسيَّما إذا تذكَّرنا الحديثَ المنسوب إلى الرسول(ص) "اطلبوا العِلمَ ولو في الصين" أو "خُذوا الحكمةَ من أيِّ وعاءٍ خرجَت."

أما المرحلةُ الثانية، (وهي الثالثة برأيِنا) فقد بدأَت، في رأيِ جواد رِضا، بتأسيسِ "دار الحكمة" (217هـ/ 832م) التي وضعَت جميعَ التُراثِ الهيلّينيّ الكلاسيكيّ، الذي نَقلَه العُلماءُ الوثنيُّون الهاربون من اضطهادِ جوستنيان في القسطنطينيَّة، تحت تصرُّفِ المثقَّفينِ والطلاَّبِ على وجهِ العموم.

بينما نحن نَرى أنَّ المرحلةَ الثالثةَ تبدأُ من عَصر التدوين في منتصف القرن الثاني للهجرة. فما هو عَصرُ التدوين وما هي أهميَّـتُه؟

---

[35] ابن عساكر: "تاريخ مدينة دمشق"، ج 19، ورقة 408، نقلاً عن محمَّد جواد رِضا، المرجع الوارد في الحاشية 6، ص 97.

عصرُ التَدوين

يمكنُ القولُ إنَّ المعارفَ التي كانت معروفةً وسائدة، قبل العَصر العباسيّ، وخصوصًا قبلَ العَصرِ الأُمويّ، كان أكثرُها مُتداولاً في الغالبِ شفَويًّا، أي عن طريق الروايةِ والقَولِ والسماع. فقبلَ معرفةِ الوَرق، الذي انتشرَت صناعتُه في العَصرِ العبَّاسيّ، كانت الكتابةُ نادرة، لاسيَّما بسببِ وسائلِها المحدودة. ومن هذه الوسائل الرقّ، وهو الجِلدُ المرقَّق، وعظامُ أكتاف الإبل والغنَم؛ والقرطاس، وهو ورقٌ يُتَّخذُ من بَرديّ مصر، كما وردَ في "صُبح الأعشى". وبشأنِ جَمعهِ للقرآن، يقولُ زَيد بن ثابت: "فجعلتُ أتتبَّعُ القرآن من العُسب واللُخاف." واللُخاف حجارةٌ بيضٌ رِقاق، وعُسب النخل هي الجريد الذي لا خُوصَ له.[36]

أمَّا في العَصر العباسيِّ الأوَّل، حيث انتشرَت صناعةُ الوَرق، ولاسيَّما خلال خلافة المنصور (136-158هـ)، فقد بدأ عهدٌ جديد تركَ أثرَه في جميعِ العُصورِ التي بعدَه، حتَّى عصرِنا الحديث.

يقولُ الذهبيّ: "في سنة ثلاثة وأربعين ومائة، شرعَ عُلماءُ الإسلام في تَدوينِ الحديثِ والفِقه والتفسير. فصنَّفَ ابنُ جُريح بمكَّة، ومالك "الموطَّأ" بالمدينة، والأوزاعيّ بالشام، وابنُ أبي عروبة وحمَّاد بن سلمة... وصنَّف ابنُ إسحاق "المغازي"، وأبو حَنيفة "الفِقه الأكبر" والرأي إلخ. وفي هذا السياق يقولُ السُّيوطّي: 'وقبل

---

[36] أحمد أمين: "ضُحى الإسلام" (بيروت: دار الكتاب العربيّ، ج 3، ط10، بدون تاريخ)، ص 20.

هذه العُصر كان الأئمَّةُ يتكلّمون من حِفظهم أو يَروون العِلمَ من صُحفٍ صحيحةٍ غير مُرتَّبة' [37]. كما إنَّ العِلمَ الدينيَّ هو الذي كان سائدًا، على وَجه العموم، ولكنْ لم تتميَّز فروعُه، مثلُ الفِقْهِ والتفسيرِ والحديثِ وغيرِها، من الفروعِ التي ظهرَت فيما بعد. أمَّا في العَصرِ العباسيِّ حين بدأ عصرُ التدوين، فقد "وُضِعَت في العربيَّةِ أُسسُ جميعِ العُلومِ تقريبًا، فقلَّ أن ترى عِلمًا إسلاميًّا نشأَ بعدُ ولم يكنْ قد وُضعَ في العَصرِ العباسيّ،" وَفقَ ما أشارَ إليه الذهبيّ[38].

وأرى أنَّ إطلاقَ تعبيرِ "عصر التدوين" على هذه الفترة هو أقلُّ مِمَّا يستحقُّه، لأنَّه أكثرُ جدًّا من ذلك. فهو عصرُ إبداعٍ وخَلق، بل هو العصرُ الذي أرسى أُسُسَ الحضارةِ العربيَّةِ الإسلاميَّة. ومن جهةٍ أُخرى، نرى أنَّه غيَّرَ وطوَّرَ" العَقل المجتمعيَّ العربيَّ الإسلاميّ"، وخصوصًا في الأوساطِ المثقَّفةِ والعالِمة، من شكلٍ إلى شكل. فبعد أن كانت مرجعيَّتهُ الفكريَّةُ النُصوصَ الدينيَّة فقط، أصبحت مرجعيَّتُه مزيجًا مُتفاعلاً من المنقول والمعقول. ويُعبِّر سليمان المنطقي السجستانيّ (391هـ) عن هذه الحالة بقوله: "إنَّ الفلسفةَ حقٌّ، لكنَّها ليست من الشريعةِ في شيء. والشريعةُ حقٌّ، لكنَّها ليست من الفلسفةِ في شيء. وصاحبُ الشَريعةِ مبعوثٌ وصاحبُ الفلسفة مبعوثٌ إليه... الأوَّل مَكفيٌّ والثاني كادح. وهذا يقولُ: 'أُمِرتُ وعُلِّمتُ...' وهذا يقول: 'رأَيتُ ونظرتُ واستحْسنتُ واستقْبحتُ.' وهذا يقولُ: 'نورُ العَقل أهتدي به،' وهذا يقولُ: 'معي

---

[37] المصدر السابق ص 11

[38] المصدر السابق (ج 2، ص13).

نورُ خالِقِ الخَلقِ أمشي بضيائه.' وهذا يقولُ: 'قال الله تعالى...' وهذا يَقولُ: 'قال أفلاطُن وقال سُقراط.'[39]

كما نشأ علمُ الكلام، مثلاً، للدفاعِ عن الإسلام دفاعًا مُسلَّحًا بالفلسفةِ التي تَسلَّحَ بها الخصُوم، ثمَّ تحوَّلتِ المسائلُ جميعُها، بما فيها الدّين، إلى علومٍ بعد أن كانت سائرةً على الفِطرة، كما يقولُ أحمد أمين.[40]

ولهذا، فإنَّنا نولي عَصرَ التَدوينِ أهميَّةً خاصَّةً في بحثِنا هذا؛ ذلك لأنَّ الحركاتِ الفكريَّةَ الكُبرى، التي تَنقلُ" العَقل المجتمعيّ"، وبالتالي المجتمع نفسه، من مرحلةٍ إلى أُخرى، لا يُمكنُ أن تحدثَ من فراغ، بل لا بُدَّ من أن تكونَ ناتجةً عن تطوُّرٍ تربويّ وتعليميّ مُعيَّن، بالإضافةِ إلى ظروفٍ وشروطٍ داخليَّةٍ وخارجيَّةٍ مُؤاتيةٍ أُخرى. ولنتأمَّلْ معًا، بإعجاب، كيف يصفُ أحمد أمين الحركةَ الكُبرى التي حَدثَت في عَصرِ التدوين:

"وكان نشاطُ المسلمينَ في ذلك يَسترعي الأنظارَ ويَستخرجُ العَجب، وليس هناك من نشاطٍ يُشبهُه إلاَّ نشاطُ العَرب في فُتوح البلدان—وقد **نظَّمَ العُلماءُ أنفسَهم فِرقًا كفِرَقِ الجيش، كلُّ فرقةٍ تغزو الجهلَ أو الفوضى في ناحيتها حتَّى تُخضعَها لنظامها. ففرقةٌ للُّغة، وفرقةٌ للحديث، وفرقةٌ للنَحو، وفرقةٌ للكلام، وفرقةٌ للرياضيَّات، وهكذا**، وهُم يتسابقونَ في الغَزوِ والانتصارِ وتَدوينِ

---

39 أبو حيَّان التوحيديّ: "الإمتاعُ والمؤانسة"، (بيروت: دار مكتبة الحياة، ج 2، ص32، نقلاً عن محمَّد جواد رِضا، الحاشية 6، ص100).

40 أحمد أمين: "ظُهرُ الإسلام"، ج 2، (بيروت: دار الكتاب العربيّ، 1969)، (ص50).

العِلم وتنظيمِه تَسابُقَ قبائلِ العَرب في الفتوحِ والغزوات، كلُّ قبيلةٍ تودُّ أن تكونَ السَابقة في الميدان. ووُجِد في ساحةِ الميدان العلميِّ قوّادٌ بارزون يتنافسون في الابتكار؛ فإذا فاز أبو حَنيفة بوَضْعِ الفِقه، ثارتْ حماسةُ الخليل بن أحمد فيضعُ العروضَ ويرسمُ المنهجَ لمعجمِ اللُّغة... وقد ظلَّ المسلمون طول حَياتهم العلميَّةِ يعيشون على هذه الثروة التي وُضِعتْ في هذا العَصر، ليس لدَيهم في الغالبِ من أثرٍ إلاَّ الإيجازُ حينًا والإطنابُ حينًا، وجمعُ متفرِّقٍ وتفريقُ مجتمِع؛ أمَّا الابتكارُ فقليلٌ نادر"[41].

فلا غَرو، والحالةُ هذه، أن يَعتبرَ الجابريُّ عصرَ التدوين إطارًا مرجعيًّا للمجتمعِ العربيِّ الإسلاميِّ حتَّى يومِنا هذا، فيقول: "إنَّه الإطارُ المرجعيُّ الذي يشدُّ إليه، وبخيوطٍ من حديد، جميعَ فروعِ هذه الثقافة، ويُمثِّلُ جميعَ تموُّجاتِها السابقة إلى يومِنا هذا... بل إنَّه الإطارُ المرجعيُّ الذي يتحدَّدُ به ما قبله."[14] ويقصدُ بما قَبلَه العصرَ الأُمويّ والراشديّ والنبويّ والجاهليّ. لذلك، فإنَّ لهذه الفترةِ أهمَّيتَها القُصوى في تحديدِ العَقلِ العربيّ مثلما يقول، وفي تكوينِ "العَقل المجتمعيّ" العربيّ الإسلاميّ، وَفقَ مفهومِنا.

ولا عجبَ أن يدعوَ بحماسٍ إلى تدشينِ عَصرِ تَدوينٍ جديدٍ في الوطنِ العربيّ. وكمحاولةٍ متواضعةٍ في هذا السبيل، كنَّا قد دعَونا، منذُ أكثر من عشرة أعوام، إلى إنشاء مؤسَّسةٍ موسوعيَّةٍ في المهجر تَعمل، بين أمورٍ أُخرى، على وَضعِ موسوعةٍ عربيَّةٍ جامعة،

---

41 أحمد أمين: "ضُحى الإسلام"، بيروت: دار الكتاب العربيّ، ج 2، (ص 19).

باعتبارِ أنَّ المهجرَ يوفِّرُ المُناخَ الملائمَ لذلك، خلافًا للوطنِ العربيّ، الذي يقتلُ حريَّةَ الفِكر والإبداع، على وَجه العموم.

معاهدُ العلمِ والتعليم في الحضارةِ العربيَّةِ الإسلاميَّة

وهكذا فإنَّ هذه الحركةَ الفكريَّة: العلميَّة والفلسفيَّة والأدبيَّة والفقهيَّة... التي حدثَت في "عَصر التَدوين" لا بُدَّ من أن يكونَ وراءَها حركةٌ تعليميَّةٌ واسعة، بالإضافة إلى عواملَ أُخرى تخرجُ عن موضوعِنا الآن. فهذه الحركةُ لا يُمكنُ أن تنتجَ في بيئةٍ جاهلة. ففضلاً عن التعليمِ المتميِّز الذي كان يُوجَّهُ إلى عِليَّة القَوم، والذي كان يَعتمدُ على "المؤدِّب"، أو المعلِّم الخاصّ، لا بُدَّ من أنَّ للعامَّةِ وسائلَها في التَعليم والتعلُّم. ومن أهمِّ هذه الوسائل التي كانت مُتوافِرة، حسبَ علمنا:

1) الكتاتيب، التي تُشكِّل المراحلَ التعليميَّةَ الأُولى؛

2) المساجد، وتُشكِّلُ المراحلَ الثانويَّةَ والعالية، وتتمثَّلُ في حلقاتِ التدريس والاستماعِ والمناقشة؛

3) مجالس المناظرات، التي كانت مَنابرَ لصراعِ الأفكارِ والنظريَّاتِ والتنافُس العلميّ والأدبيّ، بين العُلماء والفلاسفة؛

4) المكتبات العامَّة والخاصَّة؛

5) المدارس التي انتشرَت خصوصًا بعد خلافةِ المعتضد (279-289هـ/892-901م)، ولاسيَّما على يَدِ الوزير "نظام

الملك"، الذي أقام المدارسَ النظاميَّة الكُبرى في بغداد. وسنحاول أن نستعرض هذه الوسائل.

الفصل الثالث

وسائلُ التربيةِ والتعليم

في الحضارةِ العربيَّةِ الإسلاميَّة

انتهَينا في الفصل السابق إلى تأكيدِ أنَّ هذه الحركةَ الفكريَّة (العلميَّة والفلسفيَّة والأدبيَّة والفِقهيَّة...) التي حدثَت في "عَصر التَدوين" لا بُدَّ من أن يكونَ وراءَها حركةٌ تعليميَّةٌ واسعة. فهذه الحركةُ لا يُمكنُ أن تنتجَ في بيئةٍ جاهلة.

ففضلاً عن التعليمِ المتميّز الذي كان يُوجَّهُ إلى عِلّيَّة القَوم، والذي كان يَعتمدُ على "المؤدِّب"، أو المعلِّم الخاصّ، لا بُدَّ من أن يكونَ للعامَّةِ وسائلُها في التَعليم والتعلُّم. ومن أهمِّ هذه الوسائل التي كانت مُتوافِرة في ذلك العصر:

أوَّلاً: الكتاتيب

وردَ في "لسانُ العرَب": "الكُتَّاب موضعُ تعليمِ الكُتَّاب [أي الصبيان المتعلّمين]؛ والجَمعُ الكتاتيب والمكاتب". وقد استُخدِمَ اللفظان، المَكْتبُ والكُتَّاب لموضِعِ التعليم. وقال ابنُ خِلّكان في ترجمة أبي مُسلم الخُراسانيّ "إنَّه نشأَ عند عيسى بن معقل، فلمَّا ترعرعَ اختلفَ إلى المكتب." وكان ذلك في العصرِ الأُمويّ

بالضرورة. وروى الجاحظُ في كتاب "البيانُ والتبيين" أنَّ من أمثال العامَّة: "أحمقُ من مُعلِّمِ كُتَّاب." وأشار إلى بيت صِقْلاب:

وكيف يُرجَّى العقلُ والرأيُ عندَ مَنْ

يروحُ على أُنثى ويغدو على طفلِ

وفي قول بعضِ الحكماء: "لا تستشيروا مُعلِّمًا ولا راعيَ غنَم ولا كثيرَ القُعود مع النساء." ويُضيفُ الجاحظ أنَّه سمعَ بعضَهم يقول: "الحُمْقُ في الحاكة والمعلِّمين والغزَّالين."[42]

ونحن نُشيرُ إلى هذه الأقوال عَمدًا، بُغيةَ أن نُشدِّدَ على القِيَم السائدةِ في مجتمعٍ معيَّن والمتجذِّرةِ في "العقلِ المجتمَعيّ" (الذي بحثناه بإسهاب في كتاب "أزمة التطور الحضاري في الوطن العربي" وكتاب "الأمة العربي بين الثورة والانقراض")، وذلك فيما يتعلَّقُ بالاستهانةِ بالمعلِّم وربَّما احتقارِه حتَّى يومِنا هذا في بعضِ البلدانِ العربيَّة، وخصوصًا في أوساطِ الخليج. ولا تَسْلمُ من ذلك البلدانُ العربيَّة التي نالت قسطًا مهمًّا من التقدُّمِ الفكريِّ والحضاريّ كالمجتمع المصريِّ مثلاً. ويُعبِّرُ فيلم نجيب الريحانيّ العميق "غَزلُ البنات"، عن ذلك أبلغَ تعبير. ومع ذلك فإنَّ هذه القِيَمَ تُمثِّلُ جانبًا مُعيَّنًا من جوانبِ العقلِ المجتمَعيّ. لكنْ هناك جانبٌ آخَر من "العقلِ المجتمَعيِّ العالِم" أو المُتنوِّر في التاريخِ العربيِّ الإسلاميّ يُبجِّلُ المعلِّمَ، مثلما سنُلاحظُ ذلك فيما بعد، لدى الغزالي

---

42 أبو عثمان عَمرو بنُ بَحر بنِ محبوب الجاحظ: "البَيانُ والتبيين" (القاهرة: المكتبةُ التجاريَّة الكُبرى، ج 1، ط2، 1932)، ص 208.

مثلاً. وكانت بعض المدارس العربية تملي على طلابها حفظ قصيدةَ أَحمد شوقي التي مطلعُها:

قُمْ للمُعلِّمِ وَفِّهِ التبجيلا

كاد المعلِّمُ أن يكونَ رَسولا

وتختلفُ "المكاتبُ" في نوعيَّةِ التعليمِ ومُستوياتِه. فمنها ما يكتفي بتعليمِ مبادئ القراءةِ والكتابةِ والقرآن. وبعضُها كان يُعلِّمُ اللغةَ العربيَّةَ وتوابعَها من نَحوٍ وصَرفٍ وعَروض. كما تختلفُ أُجورُ المعلِّم، من التعليم حِسْبةً (أي مجَّانًا)، إلى تقاضي أجرٍ عَينيٍّ في الغالب (بشكل هدايا أو موادَّ غذائيَّة). وكان الحجّاج وأبوه يوسف معلِّمَين بالطائف يأخذان خبزًا من الصبيان. وقد هجاه شاعرٌ، بعد تولِّيه ولايةَ العراق، قائلاً:

أينسى كُليبٌ زمانَ الهُزالِ

وتعليمِه سورةَ الكَوثرِ

رغيفٌ لهُ فَلْكَةٌ ما تُرى

وآخَرُ كالقَمَرِ الأزهرِ

ويُروى عن الفقيهِ الشافعيّ أنَّه قال: "كنتُ يتيمًا في حُجرِ أُمِّي، فدفعَتني في الكُتَّاب، ولم يكن عندها ما تُعطي المعلِّم. فكان المعلِّمُ قد رضيَ منِّي أن أخلَفه إذا قام. فلمَّا ختمتُ القرآن دخلتُ المسجد، وكنتُ أُجالِسُ العُلماءَ، وكنتُ أسمعُ الحديثَ أو المسألةَ فأحفظُها،

ولم يكن عند أُمِّي ما تُعطيني أشتري به قراطيس؛ فكنتُ إذا رأيتُ عظمًا يُلَوِّحُ آخذُه فأكتبُ عليه."[43]

ويبدو أنَّ التعليمَ في كثيرٍ من هذه الكتاتيب يقومُ على الضغطِ والقَسْرِ، ثمَّ الضربِ والحَبس. ويروي أبو الفرَج الأصفهانيّ أنَّ إبراهيمَ الموصِليّ، والدَ إسحق، قد "أُسْلِمَ إلى الكُتَّاب، فكان لا يتعلَّمُ شيئًا، ولا يزال يُضرَبُ ويُحبَسُ ولم ينجعْ ذلك فيه، فهرب من هذا القَهرِ إلى الموصِل، وهناك تعلَّمَ الغناء."[44]

وقد صوَّرَ أبو نؤاس هذه الطريقةَ في التعليم بأسلوبِه التهكُّميِّ على النَّحوِ التالي:

إنَّني أبصرتُ شخصًا - قد بَدا منه صُدُودُ

جالسًا فوق مُصَلًّى - وحَوالَيْه عبيدُ

ذاك في مكتبِ حَفصٍ - إنَّ حفصاً لَسعيدُ

قال حفصٌ: 'إجْلِدُوه - إنَّه عندي بليدُ

لم يزَلْ مُذْ كان في الدَّرْ - سِ عن الدَّرسِ يَحيدُ'

قلتُ:'يا حَفصُ اعْفُ عنه - إنَّهُ سوف يُجيدُ'[45].

---

43 أحمد أمين: "ضُحى الإسلام" (بيروت: دارُ الكتابِ العَربيّ، ط 10، ج 2، بلا تاريخ)، ص51.

44 أبو الفرَج الأصفهانيّ: "الأغاني"، 3/5، ذُكِرَ في "ضُحى الإسلام"، ج 2، ص50.

45 أحمد أمين: "ضُحى الإسلام" (بيروت: دارُ الكتابِ العَربيّ، ط 10، ج 2، بلا تاريخ)، ص52.

وفي العراقِ يُطلَقُ على الكُتَّابِ "الـمُلَّه"، كما يُطلَقُ نفسُ اللفظِ على المعلِّمِ الذي يقومُ بالتعليمِ.

وتُستَخدَمُ في التعليمِ وسائلُ القَسرِ والضربِ بنفسِ الطريقةِ التي كانت مُستعملةً منذ أكثر من ألفِ عامٍ. وقد ذكرَ لي والدي أنَّ الأبَ، الذي كان يُسَلِّمُ ولدَه إلى "الـمُلَّه"، يقول له أحيانًا: "خُذْه وأدِّبه، فلكَ اللحمُ وليَ العَظمُ،" كناية عن أنَّه يمنحُ المعلِّمَ كاملَ الحقِّ في تأديبِ ولَدِه بالقَسرِ أو الضربِ الـمُبرِّحِ حتَّى لو قَطَّعَ لحمَه إربًا. ويُعتَبَرُ هذا الأبُ مثالاً للأبِ الحريصِ على تعليمِ ولَدِه وتأديبِه. وهنا أيضًا يتجلَّى مظهرٌ من مظاهرِ "العقلِ المجتمَعيِّ" في مُحيطٍ يعتمدُ على الترهيبِ أو القَسرِ، باعتبارِه الطريقةَ المُثلى للتعليمِ والتربيةِ في معظمِ الأوساطِ المجتمعيَّةِ سابقًا؛ وربَّما ما تزالُ قائمةً في كثيرٍ من المجتمعاتِ العربيَّةِ حاليًّا.

ومع ذلك لا يجوزُ التعميمُ بالقول إنَّ التأديبَ عن طريقِ القَسرِ والضربِ هو السائدُ في مراحلِ التاريخ العربيّ كافَّةً. فهناك أقوالٌ ونظريَّاتٌ تُخالفُ تمامًا هذا الاتِّجاه. ويذكرُ محمَّد جواد رضا أنَّ العلاقةَ بين المعلِّمِ والمتعلِّمِ لدى ابن سحنون والقابسيّ تتحدَّدُ بأمرَين: الرِّفقِ بالأولاد والعدلِ بينهم؛ استنادًا إلى **حديثٍ منسوبٍ إلى الرسولِ (ص) يقول فيه: "اللهمَّ، مَن وليَ من أمرِ أُمَّتي فَرَفَقَ بهم فيه، فارفُقْ به،"** و"إنَّ اللهَ يُحبُّ الرفقَ في الأمرِ كلِّه، وإنَّما يرحمُ اللهُ من عِبادِه الرُّحماء." ويقولُ القابسيّ إنَّ المـرادَ بـ"الرِّفقِ هو عدمُ العُبوسِ في وجهِ الصبيِّ، لأنَّ المعلِّمَ هو المأخوذُ بأدبِهم..." ويرى أنَّ للمُعلِّمِ أن يزجرَ الصبيانَ عند الضرورةِ أو يوقعَ الضربَ عند الاستئهال. أمَّا العدلُ فمعناه أن يكونَ المعلِّمُ عادلاً في تطبيقِ العقابِ والثوابِ على الأولاد دون تمييزٍ بين أولادِ الأغنياءِ أو أولادِ

الفُقَراءِ استنادًا إلى الحديث: **"شِرارُ أُمَّتي، مُعلِّمو صبيانِهم، أقلُّهم رحمةً لليتيم وأغلظُهم على المسكين."** ويلاحِظُ أنَّ ابنَ سحنون هذا، قد وضعَ كتابًا مُخصَّصًا لـ"آداب المعلّمين"[45]

كما وضعَ ابنُ حجر الهَيثميّ رسالةً في "تحرير المقالة في آدابٍ وأحكامٍ وفوائدَ يحتاجُ إليها مؤدِّبو الأطفال" ردًّا على أربعةَ عشرَ سؤالاً وجَّهها إليه أحدُ مُعلِّمي الكتاتيب. وكان هذا المعلِّمُ قد نُصِبَ قاضيًا يتقاضى راتبًا محترمًا، ولكنَّه اعتزلَ القضاءَ خشيةً من الوقوعِ بالخطأ، وظلَّ يُعاني من شظفِ العَيش، ثمَّ امتهنَ التعليمَ ليسدَّ رمقَه. ومن أمثلةِ هذه الأسئلة: هل الضربُ الجائز له مِقدار؟ وهل يجوزُ للمعلم قبولُ هديَّةِ اليتيم؟[46]

وقد أجابَ ابنُ حجر عل الأسئلة إجاباتٍ فِقهيَّةً دقيقة، "وكانت إجابتُه كلُّها تنبعُ من مبدإٍ خُلقيٍّ واحد هو إيتاءُ كلِّ ذي حقٍّ حقَّه وعدمُ الإباحةِ للمُعلِّمِ أن يجورَ على تلاميذِه بيدِه أو لسانِه." وكانت إجاباتُه وافيةً ودقيقة. ويُعلِّقُ محمَّد جواد رِضا على ذلك قائلاً: "إنَّ هذا يدلُّ على التقديرِ العظيم الذي أسندَه الإسلامُ إلى مَن يتولَّون تنشئةَ أبناءِ الأُمَّة."[47] (ص 137)

---

45 القابسيّ: "الرسالةُ المفصَّلة لأحوالِ المتعلِّمين وأحكامِ المعلِّمين والمتعلِّمين"، ذُكِرَ في كتاب "العربُ والتربيةُ والحضارة" لمحمَّد جواد رِضا (بيروت: مركزُ دراساتِ الوحدةِ العربيَّة، ط 3، 1993)، ص 134.

46 "العربُ والتربيةُ والحضارة" لمحمَّد جواد رِضا (بيروت: مركزُ دراساتِ الوحدةِ العربيَّة، ط 3، 1993)، ص 134. نقلا عن (ابن سحنون: "آداب المعلِّمين"، ص 136)

47 المصدر السابق (ص 137)

ونرى أنَّ مجرَّدَ سؤَالِ هذا المعلِّمِ الفقيه، الذي كان قاضيًا، لفقيهٍ آخَرَ يدلُّ على التواضُعِ وعدمِ الاستحياءِ من التعلُّم مِمَّن هو أفقهُ منه، خشيةً من الوقوعِ بالخطأ. وقد اعتبرَ الغزالي المعلِّمَ (الدينيَّ أو الصوفيَّ، على الأرجح) نائبًا للرسولِ (عليه السلام) في هدايةِ الأُمَّة، شريطةَ أن يتحلَّى بمحاسنِ الأخلاق؛ أهمُّها: "الصبرُ والشكرُ والتوكُّلُ واليقينُ والسخاوةُ والقناعةُ وطمأنينةُ النفسِ والحلمُ والتواضعُ والعلمُ والصدقُ والحياءُ والوفاءُ والوقارُ والسكونُ والتأنّي." (من رسالتِه "أَيُّها الولَد") كما وضعَ للمُعلِّم (في كتابِه "إحياءُ علومِ الدين") ثماني قواعد، منها "أن لا يطلبَ على إفادةِ العِلمِ أجرًا ولا يقصدُ به جزاءً ولا شكورا"؛ وأن "يقتصرَ بالمتعلِّمِ على قدرِ فهمِه"؛ وأن " يُلقيَ إلى المتعلِّمِ القاصِر الجليَّ [يقصد الواضح] اللائقَ به [أي ما يناسبه]، ولا يذكرَ له أنَّ وراء ذلك تدقيقًا وهو يدَّخِرُه عنه، فإنَّ ذلك يُفترُ رغبتَه في الجليِّ ويُشوّشُ عليه قلبَه." **ويرى الغزالي "أنَّ مَن اشتغلَ بالتعليمِ فقد تقلَّدَ أمرًا عظيمًا وخطرًا جسيمًا، فليحفَظْ آدابَه ووظائفَه."** [48]

وفي المجمل، يضيف محمد جواد رضا، أنَّ ذلك " يُمثِّلُ فهمَهم الخاصَّ للعقوبةِ التربويَّة، وشُموليَّةَ نظرِهم التربويّ، فقد رفضوا أن تتجاوزَ هذه العقوبةُ حدودَ وظيفتِها التقويميَّة لسلوكِ المتعلِّم، وحذَّروا من جعلِها أداةَ تخريبِ شخصيَّةِ الطفلِ وامتهانِ إحساسِه بعزَّةِ نفسِه."[49]

48 المصدر السابق (ص 137)

49 المصدر السابق (ص 129)

وكرَّسَ نصيرُ الدين الطوسيّ رسالةً خاصَّة لِـ"آداب المتعلِّمين"، تتضمَّنُ صورةً ناصعةً لطالِبِ العِلم، لأنَّه طالِبٌ للارتقاءِ بالذاتِ والتسامي بالنفسِ والظفَرِ بالشرفِ الإنسانيّ، كما يقول رِضا[50]

وفي مراحلِ التعليمِ المتقدِّمة يرى الشيخُ الطوسيّ في كتاب "آداب المتعلِّمين" أن لا بدَّ لطالِبِ العِلمِ "من المطارَحةِ والمناظَرة، فينبغي أن يكونَ بالإنصافِ والتأنّي والتأمُّلِ فيحترزَ من الشغب والغضب، فإنَّ المُناظرةَ والمُذاكرةَ مُشاورة، والمشاوَرةُ تكون باستخراجِ الصواب، وذلك إنَّما يحصلُ بالتأمُّلِ والإنصاف." وفي كتابِه "تذكرةُ السامعِ والمتكلِّم في آدابِ العالِمِ والمتعلِّم"، يقول ابنُ جماعة: "إذا فرغَ الشيخُ من شرحِ دَرسٍ فلا بأسَ بطرحِ مسائلَ تتعلَّقُ به على الطلَبة يمتحنُ بها فهمَهم وضبطَهم لِما شرحَ لهم. فمَن ظهرَ استحكامُ فَهمِه له بتكرارِ الإصابةِ في جوابِه شكرَه؛ ومَن لم يفهمْه، تلطَّفَ في إعادتِه له. والمعنيُّ بشرحِ المسائل أنَّ الطالبَ ربَّما استحيا من قَولِ لم يفهمْ، إمَّا لِرَفعِ كِلفةِ الإعادة عن الشيخ أو لِضيقِ الوقت أو حياءً من الحاضرين، أو كَيلا تتأخَّرَ قراءتُهم بسببِه. ولذلك قيل لا ينبغي للشيخ أن يقولَ للطالبِ، هل فهمتَ؟' إلاَّ إذا أمِنَ من قوله 'نعَم' قبل أن يفهم؛ فإنْ لم يأمنْ من كذبِه لحياءٍ أو غيرِه فلا يسألْه، لأنَّه ربَّما وقعَ في الكذبِ في قولِه 'نعم' لِما قدَّمناه من الأسباب."[51]

ولَعَمري إنَّ هذه التوصياتِ التي تُعالجُ أدقَّ الأمورِ الخطيرةِ التي تَسبرُ نيَّةَ المتعلِّمِ والمعلِّم، إلى الحدِّ الذي يُراعى فيه التحرُّزُ

---

[50] المصدر السابق (ص 138)

[51] المصدر السابق (ص 129)

من خَجلِ الطالِب من الاعترافِ بعدمِ الفَهم، حياءً أو لأسبابٍ أُخرى، تدلُّ على رقيٍّ كبيرٍ في ميدانِ التربيةِ والتعليم، لم نتمكَّن من أن نصلَ إليه، حتَّى في مدارسِنا النموذجيَّةِ في البلدانِ العربيَّة. وما أجدرَنا بأن نُعلِّمَ مُعلِّمينا هذه القِيَمَ والمبادئَ السامية في جميعِ المراحلِ التعليميَّة. ولعلَّنا نتساءل: هل لدَينا من المعلِّمين مَن يتَّبعُ هذه الطريقةَ في التدريس؟ ولكن على عكسِ ذلك تمامًا، علمتُ مؤَخَّرًا أنَّ الأستاذَ، اليوم، في عدَّةِ بلدانٍ عربيَّة (منها مصر والعراق)، لا يُكلِّفُ نفسَه العناءَ المطلوبَ لتفهيمِ الطلاَّبِ الدَّرس، بل يتعمَّدُ العجَلةَ والغموض، لأنَّه يُريدُ أن يدفعَ الطلاَّبَ إلى طلبِ الدروسِ الخصوصيَّة التي تدرُّ عليه أرباحًا عالية، لا سيَّما لأنَّ المعلِّمَ لا يتقاضى أُجورًا كافيةً للعَيشِ الكريمِ في هذه البلدان. ومن جهةٍ أُخرى، **فالمعلِّمُ يتقاضى أُجورًا عن الدروسِ الخصوصيَّة لا يقوى عليها مُعظمُ الطلاَّب المحدودي الدَّخل. وهذه محنةٌ أُخرى جديدة إضافيَّة تُواجهُ إشكاليَّةَ التعليمِ في بُلدانِنا.**

ولم يَفُتْ بعضَ الـمُربِّين العربِ القُدامى أهمِّيةُ اللعبِ للأطفال. فقد وردَ في كتابِ "آدابُ المعلِّمين" أنَّ أبا القاسم عبد الله بن محمَّد، سأل معيقِبَ بنَ أبي الأزهر، أحدَ عُلماءِ القَيروان: كيف حالُ صبيانكم في الكُتَّاب؟ فأجاب معيقب: ولعٌ باللعبِ كثير. فقال أبو القاسم: إن لم يكونوا كذلك فعلِّقْ عليهم التمائم. يُريد أن لا يكسرَ الأطفالَ عن اللعبِ إلاَّ المرض. [52]

[52] المصدر االسابق (ص 130)

ثانيًا: المساجِد

للمسجدِ وظائفُ مُتعدِّدة. فبالإضافةِ إلى أنَّه مكانٌ للعبادةِ والخطابة، فهو مكانٌ للتقاضي وعَقدِ الاجتماعاتِ والمـُناظرات. كما اعتُبِرَ أهمَّ معهدٍ للدراسةِ والتحصيل، أي يقومُ مقامَ الكلّياتِ والجامعاتِ اليوم. وقد جاء في "وفيات الأعيان" لابنُ خِلّكان أنَّ "رَبيعَةَ الرَّأي" كان يجلسُ في مسجدِ الرسول في المدينة، ويجلسُ في حلقتِه مالِك بنُ أنَس والحسَن وأشرافُ المدينة.[53]

ومن أهمِّ هذه المساجِد نذكرُ مساجدَ الكوفة والبصرة والحرَمَ المكّيّ والمدَنيّ ومسجدَ عمرو بنَ العاص في مصر ثمَّ مسجدَ المنصور في بغداد. وكان مسجدُ البصرة يعجُّ بالحركةِ في العصرِ الأُمويّ. فحول الحسَن البصريّ وفي حلقتِه نشأَت المباحثُ الكلاميَّة." ثمَّ اعتزلَ واصِل بنُ عطاء حلقتَه وكوّنَ له حلقةً مستقلَّة.

وإلى جانبِ عُلومِ الدين كانت تُعقَدُ حلقاتٌ خاصَّة لعلومِ اللُّغةِ العربيَّة حيث يتجادلُ النُّحاةُ ويستمعُ مَن يشاءُ مِن طُلاَّبِ العُلوم. ثمَّ تُخصَّصُ بعضُ الحلقاتِ في النَّحوِ، وأُخرى في الشعرِ والأدَب. ويروي ياقوت عن الأخفش أنَّه قال: "وردَتُ بغداد فقصدتُ حلقةَ الكِسائيّ، فصلَّيتُ خلفَه الغداء؛ فلمَّا انفتلَ من صلاتِه وقعدَ وبين

53 أحمد أمين، ضحى الإسلام ، نقلا عن وفيات الأعيان لابن خلّكان1/ص257، المرجع2 ، ص 52)

يدَيه الفرَّاء والأحمر وابنُ سعدان، سلَّمتُ وسألتُه عن مائة مسألة، فأجاب بجوابات خطَّأتُه في جميعها."[54]

ويقول أحمد أمين: "ولم يُنكِر الناسُ إنشادَ الشعر في المسجِد حتَّى ما كان فيه غزَل. فإنَّ كعبَ بنَ زُهير دخلَ على النبيّ (ص)، قبل صلاةِ الصُّبح، وأَنشدَه 'بانَتْ سُعادُ فقلبي اليومَ مَتبولُ'. كذلك كان المسجِدُ محلاًّ لإنشادِ الشعرِ ونَقدِه والتلاحي فيه."[55]

ويروي صاحبُ الأغاني أنَّ الكُمَيت بنَ زَيد وحمَّاد الراوية "كانا يتباريان في ذكرِ أشعارِ العربِ وأيَّامِهم." وحكى المرزبنيّ في كتاب "الموشَّح" أنَّ مُسلمَ بنَ الوليد كان يُملي شعرَه في المسجد، وأنَّ الناسَ كانوا يتناظرون في الشعرِ في المسجد.[56]

ويؤكِّدُ الدكتور بشَّار قويدر، صاحبُ كتاب "بغداد مدينة السلام"، أنَّ مساجدَ بغداد كانت تُمثِّلُ جامعاتٍ شعبيَّةً حرَّة لا تخضعُ لأيِّ قَيد، إذْ كان يقصدُها المسلمون المهتمُّون بالثقافةِ بمختلفِ أعمارِهم ومن كلِّ الأصقاعِ الإسلاميَّة في ذلك الوقت.[57]

ومن المعروفِ أنَّه، بعد اختلاطِ العربِ بالأقوامِ الأُخرى، تردَّت أوضاعُ اللغةِ العربيَّة، فانتشرَ اللحْنُ واضطربَت الألسنة. فقام النُّحاةُ وجامِعو اللغةِ ورُواتُها بالتوجُّهِ إلى الأعرابِ الأقحاح (البَدو)

---

54 أحمد أمين: "ضُحى الإسلام" (بيروت: دارُ الكتابِ العَربيّ، ط 10، ج 2، بلا تاريخ)، ص 53، (نقلاً عن "دائرة المعارف الإسلاميَّة").

55 المصدر السابق

56 المصدر السابق (ص 53) نقلا عن "الموشَّح"، ص 289.

57 المصدر السابق (ص 75)

لاقتباسِ اللغةِ العربيَّةِ الأصيلة. ونقلوا نتائجَ بحوثِهم إلى الحلقات. ومن الطريفِ أنَّ أحدَ الأعرابِ قال، بعد أن استمعَ إلى إحدى تلك الحلقات: "إنَّهم يتكلَّمون عن كلامِنا بكلامٍ ليس من كلامِنا."[58]

ثالثًا- مجالسُ المُناظَرة

كذلك اعتُبِرَتْ مجالسُ المُناظَرة من أهمِّ معاهدِ العلومِ والثقافة. وكانت تُقامُ في دُورِ الأثرياءِ والعُلماء، وفي قصورِ الخُلفاءِ والأُمراءِ والوُزراء وفي المساجد. ويقولُ أحمد أمين إنَّ "هذه المُناظراتِ ازدهرَت تبَعًا لازدهارِ الشغفِ العِلميّ، وطمعًا في مدائحِ الخُلفاءِ والأُمراء، ونَيلِ الحُظوةِ عندهم، ورغبةً في الوصولِ إلى الحقّ... وكان مجالُ المُناظراتِ فسيحًا من الناحيةِ العِلميَّةِ البَحتة. وإذْ كان الخُلفاءُ والأُمراءُ يُساهمون في الحركةِ العِلميَّة، ويشتركون في الرأي، ويؤَيّدون بعضًا ويُفنِّدون بعضًا، استعدَّ العُلماءُ للمُناظرة وتسلَّحوا لها رغبةً في الشهرةِ والحُظوة."[59] وأشار إلى تلك الخلافات التي كانت مُحتدمةً في المذاهبِ الفِقهيَّة بين أهل الرأيِ وأهلِ الحديث، وإلى التنافُسِ الشديدِ القائمِ على الخلاف بين البَصريّين والكوفيّين، والعراقيّين والشاميّين والمصريّين. وكان التعصُّبُ قائمًا على النمَطِ العِلميّ، في كلٍّ من هذه البلدان، الأمرُ الذي شكَّلَ وقودًا صالحًا لإشعالِ نارِ المُناظراتِ المُثمِرة. وقد

---

[58] محمَّد عابِد الجابريّ: "تكوينُ العقلِ العربيّ" (بيروت: مركزُ دراساتِ الوحدةِ العربيَّة، ط 5، 1991)، ص 90.

[59] أحمد أمين: "ضُحى الإسلام" (بيروت: دارُ الكتابِ العَربيّ، ط 10، ج 2، بلا تاريخ)، ص 54.

جرَت، مثلاً، مُناظراتٌ مشهورةٌ بين سيبوَيه والكِسائيّ في مجلسِ يحيى البَرمكيّ، وبين الكِسائيّ والأصمعيّ بين يَدَي الرشيد، وبين الكِسائيّ واليَزيديّ بين يَدَي المَهديّ، وبين أصحاب مالِك وأصحابِ أبي حنيفة. ويروي أحمد أمين بعضَ المُناظراتِ الطريفة في مجلسِ يحيى البَرمكيّ، ومنها المناظرةُ المشهورةُ في قولِهم: "كنتُ أظنُّ أنَّ العقربَ أشدُّ لسعةً من الزنبور، فإذا هو هي، أو فإذا هو إيّاها." ومثلُه مُناظرةُ الكِسائيّ والأصمعيّ بين يَدَي الرشيد في معنى "مُحْرِمًا" في البيت:

قتَلوا ابنَ عفَّانَ الخليفةَ مُحْرِمًا

ودَعا فلم أرَ مثلَه مخذولا

فذهب الكِسائيّ إلى أنَّ "مُحْرِمًا" مِن الإحرام بالحَجّ، فضحكَ منه الأصمعيّ، وذهبَ إلى أنَّ المعنى أنَّ عثمان كان في حُرمةِ الإسلام وذِمَّتِه، ولم يأتِ شيئًا يُحِلُّ دمَه.[60]

ويُروى أنَّ المأمون لمـّا استقرَّ في بغداد أمرَ بأن يدخلَ عليه الفُقهاءُ والمتكلِّمون والعُلماءُ مِمَّن يختارُهم لِمُجالستِه. ورُشِّحَ لهذه المهمَّة 100 رجل، اختار منهم عشرةً فقط، منهم أحمد بن داوود، وبِشر المريسي. ثم طلبَ أن يُجالسَ أهلَ الأدَب؛ وكان منهم الحسَين بن الضحّاك.[61]

---

60 المصدر السابق (ص 55-56)

61 المصدر السابق (ص 57)

كما أشار كارْل بروكلمان إلى هذه الـمُناظراتِ الكلاميَّة، وركَّز خصوصًا على المناقشاتِ التي كانت تجري بشأن نظريَّةِ الجَبر التي كان يدعو إليها الجَهمُ بنُ صَفوان، ونظريَّةِ حرّيةِ الإنسان التي رفعَ لواءَها كلٌّ من واصِل بنِ عَطاء وعَمرو بنِ عبيد، من زُعماءِ المعتزِلة.[62] وقد شرحنا شيئًا من هذه المناقشاتِ في كتاب "الأمة العربية بين الثورة والانقراض" في سياقِ مسألةِ القضاءِ والقدَر.[63]

رابعًا: المكتباتُ والمدارس

ونتيجةً لاهتمامِ المأمون بالعلومِ العقليَّةِ والفلسفيَّة، اتَّسعَ دَورُ "بيت الحكمة". ويروي ابنُ النَّديم أنَّ مُراسلاتٍ كانت تجري بين المأمون ومَلكِ الروم. فكتبَ إليه يسألُه "الإذنَ في إنفاذِ ما يختارُ من العلومِ القديمةِ المخزونةِ الـمُدَّخرة ببلدِ الروم؛ فأجاب إلى ذلك بعد امتناع. فأَخرجَ المأمون لذلك جماعة، منهم الحجَّاج بنُ مطَر وابنُ البطريق، وصاحبُ "بيت الحكمة" وغيرهم. فأَخذوا مِمَّا وجدوا،" (ابنُ النديم: "الفِهرست"،[64] ونقلوه إلى "بيت الحكمة". ثمَّ كتبَ المأمون إلى حاكمِ قُبرص يطلبُ منه خزانةَ كتُبِ اليونان، وكانت

---

[62] كارْل بروكلمان: تاريخُ الشعوبِ الإسلاميَّة، ترجمة نبيه أمين فارس ومُنير البعلبكيّ (بيروت: دارُ العلمِ للملايين، 1965)، ص 206-207.

[63] (انظر "صوت داهش"، صيف 2005، كذلك كتاب" الأمة العربية بين الثورة والانقراض)

[64] أحمد أمين: "ضُحى الإسلام" (بيروت: دارُ الكتابِ العَربيّ، ط 10، ج 2، بلا تاريخ)، ص62

مجموعةً في بَيتٍ لا يظهرُ عليه أحد، مثلما يقول ابنُ نُباتة. فأرسلها إليه؛ واغتبطَ بها المأمون، وجعلَ سهلَ بنَ هارون خازنًا لها.[65]

ويُشيرُ المَقريزيّ إلى أنَّ المدارسَ لم تكنْ معروفةً في الإسلام؛ فلم تكُن تُعرَفُ في زمنِ الصَّحابةِ ولا التابعين، وإنَّما بدأت تظهرُ بعد الأربعمئة من الهجرة. **"وأوَّلُ مَن حُفِظَ عنه أنَّه بنى مدرسةً في الإسلام أهلُ نيسابور، فبُنِيَت بها المدرسة البهيقيَّة."**[66] ومع ذلك فإنَّ **أوَّلَ مَن فكَّر بإنشاءِ مدرسةٍ في بغداد هو الخليفةُ المعتضِد** (279-289 هـ/892- 901 م)، الذي شرعَ بناءَها في جوار قصرِه، ولكنَّه لم يُتمِّم تنفيذَها، إذْ عاجلَته المنيَّة.[67]

ويقولُ الذهبيّ إنَّ نِظام المُلْك، الذي استَوزرَ للسلاجقة من سنة 456 إلى سنة 485هـ، هو أوَّلُ من أنشأ المدارس، فبنى مدرسةً في كلِّ من بغداد وبَلخ ونيسابور وهَرَاة وأصبهان والبصرة ومَرْو، وآمُل طبرستان والموصِل. ويُقالُ إنَّ له في كلِّ مدينةٍ بالعراق وخُراسان مدرسة.[68]

وكلَّما سمعَ هذا الوزيرُ بعالِمٍ جليلٍ قادرٍ على تحمُّلِ المسؤوليَّةِ شرعَ بناءَ مدرسةٍ له. واشتُهِرت هذه المدارسُ باسم "النِّظاميَّات". ومن أهمِّ المدارس في بغداد نذكرُ على سبيل المثال:

---

65 المصدر السابق (ص 63) نقلا عن ابن نباتة: "سرح العيون".

66 أحمد أمين: "ضُحى الإسلام"، مصدر سابق، ص 49-50

67 المصدر السابق (ص49)

68 المصدر السابق (ص 49)

المدرسةُ النِّظاميَّة: 459هـ/1064م، **على نهرِ دجلة، بُنِيَت خصِّيصًا لأشهرِ فُقهاءِ بغداد**_"أبي إسحق إبراهيم بن علي الشافعيّ." وخُصِّصَ لوَقفيَّتِها ضِياعٌ وأملاكٌ وكتُبٌ كثيرة تجاوزت 6000 مجلَّد. وشيدت سوقٌ على بابها. وأُقِرَّ للطلَبةِ مِنَحٌ تُعينُهم ومسكنٌ داخلَ المدرسةِ نفسِها. وخُصِّصَ لهم أساتذةٌ في مختلفِ الموضوعات، بإشرافِ الشافعيّ. وهذه المدرسةُ **خرَّجتْ رُوَّادَ الحركةِ الفكريَّةِ من أمثال أبي حامِد الغزالي.**

مدرسة مَشهد أبي حنيفة: عاصرَت المدرسةَ النظاميَّة وشابَهتها إداريًّا وكذلك من حيث التسهيلات. بناها شرَفُ الـمُلك أبو سَعد في جوارِ مَشهدِ الإمام الأعظم أبي حنيفة النعمان، الذي يقعُ اليومَ في حَيِّ "الأعظميَّة" المعروف باسمِه.

المدرسةُ التاجيَّة: أسَّسها تاجُ الـمُلك أبو الغنائم في عهد السلطان ملِك شاه. واستمرَّت في خدمةِ التعليم من عام 482هـ/ 1084م حتى سقوطِ بغداد.

مدرسةُ الشيخ عبد القادر الكيلاني: أنشأَها الفقيهُ أبو أسعد المبارك. واشتُهِرَ بالتدريس فيها الشيخُ عبد القادر نفسُه وأبناؤه وأحفادُه. وفيها خزانةُ كتُبٍ عظيمة. وهي من مدارسِ أهلِ المذهبِ الحنبليّ، وما زالت قائمةً إلى جانبِ المشهدِ والمزار، في أحدِ أحياءِ بغداد المعروفة بـ"باب الشيخ"، نسبةً إلى الشيخ عبد القادر. وقد زرتُ شخصيًّا هذا المشهدَ ومشهدَ الإمام أبي حَنيفة مرارًا.

المدرسةُ الـمُستَنصِريَّة: أقدمُ الجامعاتِ الإسلاميَّة، ومِن أعظمِ الأعمالِ الحضاريَّةِ التي قامت بها الخلافةُ العبَّاسية في أَواخرِ

أيَّامِها. **وشاءَ القدَرُ أن تظلَّ الأثرَ الوحيدَ الذي بقيَ بعضُ أجزائه قائمًا** حتَّى يومِنا من معاهدِ العلمِ العبَّاسيَّة **في بغداد** على كثرتِها واختلافِ صفاتِها.

قام ببنائها الخليفةُ المستنصِر بالله على شطِّ دِجلة (سنة 625 هـ/1227م)؛ وبلغَ ما أنفقَه عليها 700 ألف دينار. أُفتُتِحَت للدراسة في الخامس من رجَب سنة 631 هـ/، 6 من إبريل (نيسان) 1233م.

وقد عُنِيت هذه المدرسةُ العظيمة بدراسةِ عُلومِ القرآن والسنَّةِ النَّبويَّة والفِقه والطبِّ والرياضيَّات، على نَحوٍ لم يُسبَق من قبل. وقد سَنَّ الخليفةُ الـمُستَنصِر بالله سُنَّةً حسنةً بدراسةِ الفِقهِ بمذاهبِه الأربعة في مدرسةٍ واحدة (وليتهم جعلوها خمسة، بإضافة مذهب جعفر الصادق). فلم يكَد يمضي عشرُ سنواتٍ على افتتاحِ المُستنصِريَّة، حتَّى أقدمَ الملكُ الصالِحُ نجمُ الدين أيُّوب على إنشاءِ المدرسةِ الصالحيَّة بالقاهرة (سنة 641هـ/1243م) لتدريس المذاهب الأربعة. ثمَّ قامت زوجةُ الخليفةِ المُستعصِم، آخِرِ الخُلفاءِ العبَّاسيِّين، المعروفةُ باسم "باب بشير" ببناءِ المدرسةِ البشيريَّة في سنة 649هـ/1251م، بالجانبِ الغربيِّ من بغداد، وجعلَتها وَقفًا على المذاهبِ الأربعة على قاعدة المدرسةِ الـمُستَنصِريَّة.

وكانت المدرسةُ مُجهَّزةً بما يُعينُ الطلاَّبَ على الدرسِ والتحصيل، والأساتذةَ على البحثِ والتدقيق؛ **فأُلحِقَت بالمدرسةِ مكتبةٌ عامرةٌ أهداها الخليفةُ المستنصِرُ إليها. وكانت المكتبةُ تضمُّ ثمانين ألف كتاب تتزايدُ باستمرار.** كما خُصِّصَ للطلبةِ والأساتذة

جميعُ المُستلزمات لتسهيلِ التفرُّغِ للدرسِ والبحث، بما في ذلك وجباتُ الطعام الجاهزة.

وضمَّت المدرسةُ مُستشفًى يُدرَّسُ فيه الطبّ، وتقترنُ الدراسةُ النظريَّةُ بالتطبيق ومُعالجةِ الحالاتِ المَرَضيَّة وإجراءِ الفحوصِ والتجارب.

ظلَّ التدريسُ قائمًا بالمدرسةِ المُستنصِريَّة أربعةَ قرون منذ أن افتُتِحت في سنة 631هـ/ 1233م، وإن تخلَّلَ ذلك فتراتُ انقطاع، بسببِ الاحتلالِ المغوليّ لبغداد سنة 656هـ/1258م، ثمَّ عاد إليها نشاطُها مُجدَّدًا، فاستُؤنِفَت الدراسةُ سنة 656 هـ/1259م، وتواصلَت حتّى سنة 1048هـ/1638م.

وبعد توقُّفِ الدراسةِ بالمُستنصِريَّة اتُّخِذَت لأغراضٍ أُخرى؛ فاستُعملَت تَكِيَّةً ودارًا للمكوس والضرائب وخانًا للمسافرين ومَسكنًا لجنود إحدى الكتائب... وامتدَّت إليها يدُ الإهمال؛ فضاع كثيرٌ من بهائها ورونقِها، واختفَت أجزاءٌ من مبانيها، وظلَّ الأمرُ على هذا النَّحوِ من الإهمال والنسيان، حتَّى استطاعت مُديريَّةُ الآثارِ العراقيَّة أن تضعَ يدها على المبنى وتوليه عنايتَها وتُعيدَ إليه رونقَه وجمالَه. أخيرًا، افتُتِح للزيارةِ باعتبارِه أثرًا شامخًا في سنة 1380هـ/1960م. علماً أن يد الدكتور مصطفى جواد وبحوثه الواسعة حول الموضوع، كانت من أهم العوامل التي أدت إلى إحياء المدرسة المستنصرية.

ومِمَّا يُثيرُ الانتباهَ أنَّ جميعَ هذه المدارسَ كانت تهتمُّ بتدريسِ الشريعة وَفقًا لمذهبٍ معيَّنٍ واحد، أو بموجِبِ المذاهبِ السنّيةِ

الأربعة، وهو ما تحقَّقَ في وقتٍ متأخِّر، ابتداءً من إنشاءِ المدرسةِ المستنصريَّة في بغداد ثمَّ المدرسة الصالحيَّة في القاهرة، كما أسلفنا. أمَّا دراسةُ المذهبِ الشيعيّ فقد كانت مُهمَلةً تمامًا بسببِ اختلافِ المذهبِ الذي تعتنقُه السلطةُ السياسيَّةُ الحاكمة. وفي هذا الصَّدَد علَّق الجابريّ على نصٍّ لـ"الذهبيّ"، الذي نقلَه "السُّيوطيّ" في "تاريخ الخُلفاء"، حول بداية عصر التدوين، فقال: "لقد سكتَ النصُّ عن تدوينِ العِلمِ وتدوينِه لدى الشيعة. وإذا علِمنا أنَّ جعفرَ الصادق، الإمامَ الشيعيَّ قد تُوفِّيَ سنة 148هـ وأنَّه تمَّ في عهدِه تدوينُ الحديثِ والفِقهِ والتفسيرِ من وجهةِ نظرِ الشيعة، وبعبارةٍ أُخرى تمَّ في عهدِه وبإشرافِه تنظيمُ الفكرِ الشيعيّ وصياغةُ قضاياه الأساسيَّة صياغةً نظريَّة، إذا عرفنا هذا أدركنا خطورةَ هذا السكوتِ على الأجيال اللاحقة." كما يقول الجابري[69].

ونأملُ أن لا تتكرَّرَ هذه الظاهرةُ في العصرِ الحديث، فتلتزمَ القياداتُ السياسيَّةُ العربيَّة احترامَ الرأيِ الآخَر والعقائد، المذهبيَّة أو الدينيَّة أو السياسيَّة المختلفة، بصرفِ النظر عن اختلافِها معها. إنَّ جزءًا كبيرًا من الأسبابِ التي أدَّت إلى ضعفِ العربِ وتخلُّفِهم، في العصر الحديث، وبالتالي استغلالِهم وإذلالِهم من جانبِ "الآخَر"، هو هذا الخلافُ المذهبيُّ والعقائديُّ الذي ورثناه من تاريخِنا السياسيِّ والمجتمعيّ، والذي تكرَّسَ ونَما، خصوصًا في العصورِ المظلمة؛ فأصبحَ يُشكِّلُ جزءًا رئيسيًّا من "العقل المجتمعي" العربيِّ المعاصِر، الذي فصَّلناه في حلقاتٍ سابقة. وأكبرُ دليلٍ على ذلك ما

69 محمَّد عابِد الجابريّ: "تكوينُ العقلِ العربيّ" (بيروت: مركزُ دراساتِ الوحدةِ العربيَّة، ط 5، 1991)، ص 66

يحدثُ اليومَ في بعضِ البلدانِ العربيَّة، لاسيَّما في العراق وسوريا واليمن، من صراعٍ طائفي. عِلمًا بأنَّ هذا الخلافَ قد استفاد منه الآخر، الغرب، وإسرائيل بوجه خاص، في تثبيت وجودها وتأكيد تفوقها في شتى الميادين ولاسيما الإنتاجية والعلمية والتكنولوجية، وبالتالي العسكرية. إسرائيل اليوم تسبح في عُرس دائم لأنها ضمنت وجودها وتقدمها خلال فترة قادمة طويله، فقد دُمِرَتْ جميع الجيوش العربية التي كانت تهدد إسرائيل (في العراق وسوريا) وحُيد الجيش المصري. ومن جهة أخرى فإنها قد تستعمل طرق جهنمية لصبّ الزيت فوق النار، وتأجيج الصراع المدمر لجميع الأطراف المتصارعة. وهكذا نستعيد القول المأثور" يفعل الجاهل بنفسه ما لا يفعله العدو بعدوه". وقول الشاعر:

لا يُدرك الأعداءُ من جاهل - ما يُدرك الجاهلُ من نفسه.

الفصل الرابع

إشكاليَّةُ التربيةِ والتعليم وفلسفةُ التربية

حِكايةُ رِحْلة[70]

قطعَت مركبتُنا البرمائيَّةُ الصغيرةُ أشواطًا كبيرةً في رحلتِها الطويلة. فرغمَ عُدَّتِها القليلة، وإمكاناتِها الضئيلة، تَجرَّأَت على استقصاءِ المجهول وتَحدِّي المقبول، تَمهيدًا لاستكشافِ عوالِمِ "أزمة التطوُّر الحضاريِّ في الوطنِ العربيّ" الخانقة. فتجوَّلتْ في شِعابِها الموحِشة، وجبالِها الجرداء الموعِرَة، وبِحارِها المائجة، وبراكينِها الهائجة، فتعرَّضَت لأخطارٍ جَمَّة ولعواصفَ شديدة، ومصاعبَ عديدة، سواءٌ في أثناءِ الحَفْرِ العميقِ في أراضيها الصخريَّةِ الوعرة وطبقاتِها الجيولوجيَّةِ النظيفة أو القَذِرَة، أو لدى استقبالِها من جانبِ السُّكَّانِ "المتأزِّمين"، في

70 - كتبت هذه المقدمة احتفالاً بالحلقة 20 من بحثي المسهب في "أزمة التطور الحضاري في الوطن العربي". وهي الحلقات الخمس والعشرين التي كتبتها في مجلة"صوت داهش" التي كانت تصدر في نيويورك.

مختلفِ أصقاعِ تلك العوالِمِ "المتأزِّمة"، إمَّا بِبُرود أو صُدود، أَحيانًا، أو بترحيبٍ وتعقيبٍ وتثريبٍ أَحيانًا أُخرى، أو بِهَجماتٍ وصفَعاتٍ أحيانًا ثالثة. وقد ردَدْنا على ردودِ الأفعال تلك، وَفقَ ما يستحقُّه كلٌّ منها من اهتمامٍ وعناية.[71]

وها نحن ندخل، في هذه الكتاب، في أشدِّ شِعاب تلك الأزمةِ وعورةً وأكثرِها خطورة، ألا وهي "إشكاليَّةُ التربية والتعليم وعلاقتُها بأزمةِ التطوُّر الحضاريّ"، باعتبارِها قد تُشكلُ أحد أهم المحاور التي تصف أوصاب الأمة ومن ثَمة مُعالجةِ تلك الأزمة. ولئن بَحثْنا بعضًا من مقدَّماتِها في ثلاثِة فصول فائتة، تمهيدًا لإدراكِ معانيها من خلالِ استعراض تعريفاتِها وسوابقِها في تاريخِنا العريق، نبحثُ هنا، في عمليَّة "التربية" نفسِها كمفهومٍ إنسانيٍّ سامٍ، يرتَبِطُ بغريزةِ **الإنسالِ** من جهة، وبالمسؤوليَّةِ الكبيرةِ والخطيرة، المتَرَتِّبة على الآباء كنتيجةٍ طبيعيَّةٍ ولازمة، من إشباعِ تلك الغريزة. وسنُطلِقُ على هذا القسم "فلسفة التربية".

فلسفةُ التربية

من الأرجحِ أنَّ مُعظمَ النَّاس يرغبون في إنجابِ الأولاد بِدافعٍ غريزيٍّ لا شُعوريٍّ، على الأغلب، متفرِّعٍ من غريزةِ المحافظةِ

---

71 مثلاً، مقالة السيِّدة عطيَّة في صحيفة "صوتُ العروبة" في 2005/1/6، ومقالة جمال عُمَر في صحيفة "وجوه عربيَّة" وغيرها، وردودي المتعدِّدة عليها في الصحُف والمجلاّت، وخصوصًا في مجلَّة "صوت داهش"، تحت عنوان: "كتاب أزمة التطوُّر الحضاريّ في الوطن العربيّ، مناقشات وردود الكاتب"، في عدد خريف 2005، ص 52.

على البقاء، ليس بقاء الذات فقط بل بقاء الجنس أَيضًا. وقد يُضافُ إلى ذلك إثباتُ كونِهم طبيعيّين أو أَسوياء؛ الرجل يسعى لتأكيد ذُكورتِه، والمرأة تشقى لتثبيتِ أُنوثتِها. وهذا الدافعُ الأخيرُ يتفاعَلُ ويَختلطُ مع الدافعِ الاجتماعيّ الذي يعني إثباتَ انتماءِ القرينَين إلى قِيَمِ المجتمع السائدة، (عقل مجتمعي) ومُسلّماتِه الثابتة، وأعرافِه المتَّبعة: "زِيّ الناس" أو "حشر مع الناس عيد". فالإنسانُ اجتماعيٌّ بالفطرة، تَبَعًا لقَولِ أرسطو؛ فمُجرَّدُ شعورِ الإنسان بأنَّه يفعلُ ويتصرَّفُ كالآخَرين يُشعِرُه براحةِ البال والاطمئنان، بِصَرفِ النظرِ عن قيمةِ ذلك التصرُّف أو الفِعل وصحَّتِه أو صلاحيَّته له أو لمجتمعه. ومن جهةٍ أُخرى يُشعرُه ذلك بأنَّه جزءٌ من هذا المجتمع أو أنَّه إنسانٌ سَوِيّ.

وهنا أَيضًا تتجلَّى سُلطةُ "العقل المجتمعيّ" القاهرة، التي يَخضعُ لها الإنسانُ العاديُّ بِشَكلٍ لا شعوريٍّ في الغالب، وبِعَقلِه المنفعِل بذلك العقل المجتمعي، على النحوِ الذي فصَّلناه في بُحوثٍ سابقة.[72] فالعقلُ المجتمعيُّ يفرضُ على الآباء إنجاب الأولاد، لا بالقُوَّة، بل بإرادتِهم التي قد تبدو حُرَّة. ولكنها في الواقع مقيّدة بأوامر ونواهي العقل المجتمعي.

ونلاحظُ أنَّ كثيرين من الأزواجِ الذين يُحرَمون من إنجابِ الأولاد يبذلون الغالي والنفيسَ لِتحقيقِ النَّسْل بوسائلَ طبيعيَّةٍ أو

---

72 أنظر " صوت داهش"، أربعة أعداد، من صيف 2003 إلى ربيع 2004. كذلك كتاب "أزمة التطوُّر الحضاريّ في الوطن العربيّ بين العقل الفاعل والعقل المنفعل" (الجزائر العاصمة: رياض العلوم للنشر والتوزيع، ط 2، 2005)، ص 76.

مُصطَنَعة. كما قد يلجأُون إلى التبنِّي، إذا يئسوا من ولادتِهم. ويُضطرُّ كثيرون من الأزواج إلى الانفصالِ أو الطلاقِ أحيانًا بسبب عدم الإنجاب. كذلك يُشكِّلُ هذا السببُ ذريعةً مشروعةً للزوج لطلاقِ زوجته، أو التزوُّجِ عليها في بعض المجتمعات الـمُسلِمة. حتَّى إنَّ القرينَين الـمِثليَّيْن homosexual (أي من جنسٍ واحد: رجلَين أو امرأتَين) يسعيان لتبنِّي الأطفال، لِمُجرَّد إشباعِ غريزة حيازةِ الأطفال. وهذه المسألة الأخيرة ما زالَت موضعَ نقاشٍ وخلافٍ في الغرب، ولكنَّها ليست مطروحةً في البُلدان العربيَّة والإسلاميَّة، لأنَّها مخالفةٌ لِقِيَم "العقل المجتمعيّ" السائد. ولم تكُن مطروحةً في البلدانِ الغربيَّة حتّى الثُّلثِ الأخير من القرنِ الماضي تقريبًا. لذلك قلنا إنَّ العقلَ المجتمعيَّ يتغيَّرُ ويتطوَّرُ، ولاسيما في المجتمعات المفتوحة، رَهْنًا بالزمان والمكان والظروفِ الأُخرى المؤثِّرة في صيرورة "الوحدة المجتمعيَّة".[73]

ويُمكنُ القولُ إنَّ معظمَ الناسِ المتعطِّشين لإنجابِ الأولاد، أو تبنِّيهم، يَندرُ أن يُفكِّروا بمدى أهميَّة هذا الحدَث أو الفِعل، وخطورتِه، ليس على حاضرِ الأُسرةِ ومستقبلِها فحسْب، بل على مستقبلِ المجتمعِ الذي يعيشون فيه بأسرِه، ومن بابٍ أولى على الولدِ نفسه. نعم، يُفكِّرون غالِبًا بسعادتِهم به، ومُتعتِهم العظيمة بوجودِه، ورُبَّما يُفكِّرون بعد ذلك بِمستقبلِه ودراستِه ومهنتِه، وكيف يُوفِّرون له الحياةَ الكريمة.

[73] المصدر السابق نفسه.

ولكنْ يظلُّ جانبٌ آخَر بالغُ الأهمِّيَّة وشديدُ الخطر، لا أدري أنَّ أحدًا فكَّر فيه بِعُمق، وهو أنَّهم يتحكَّمون بِمصيرِ كائنٍ بشريّ، شكَّلَ فِعلُهم الغريزيّ، الـمُستلَذُّ والجنسيُّ البحت، عاملاً حاسمًا في خَلقِه، دونما إرادته؛ أو بتعبيرٍ آخر، اضطلعوا، بإرادتِهم المنفردة، بتحويلِه من حالةِ "العدَم" إلى حالةِ الوجود، من غيرِ استشارتِه أو تخييرِه، أو بِصَرف النظر عن إرادتِه (بالنسبة للذين يُنجبون الأولادَ فعلاً). وتترتَّبُ على هذه النقطةِ مسؤوليَّةٌ عظيمةٌ لا أظنُّ أنَّ هناك من يُعطيها حقَّها من التقدير والاهتمام، على الأرجح. بل لم أعرف أحدًا تطرَّق إليها في كتاباتِه أو أقوالِه، وأقصُد بِها هذه المسؤوليَّةَ نفسَها التي تنبثقُ عن فِعل إنجابِ الأولاد من حيث أنَّه "تكوينُ إنسان" بفِعلِ إرادةٍ من جانبٍ واحد. فالناسُ، عادةً، يبتهجون بِمَقدِم الوليد، بل يحتفلون بولادتِه؛ ثُمَّ اعتادوا، في بعض المجتمعات الحديثة، أن يحتفلوا بذكرى مولدِه في كلِّ عام. ولكنْ يندرُ أن نجدَ مَن يُفكِّرُ جَدِّيًّا بأهمِّيَّة إنجاب، أو رُبَّما "خَلق"، كائنٍ بشريٍّ جديد، والتحكُّم بِحياتِه من خلال تربيتِه وتأديبِه وإعدادِه لحياةٍ طويلةٍ حافلةٍ بالأحداثِ الجديدة والماجرَيات المجهولةِ والصعبة. وهذا يُذكِّرُني بقولِ ابنِ الروميّ:

لِما تؤذِنُ الدنيا به من صُروفِها

يكونُ بكاءُ الطفلِ ساعةَ يولَدُ

وإلاَّ فما يُبكيه منها وإنَّها

لأرحبُ مِمَّا كان فيه وأرغَدُ

وأكثرُ من ذلك إنَّ الطفلَ كثيرًا ما يُعتَبَرُ جزءًا من مُقتَنياتِ الأُسرة أو مُمتلكاتِها، خصوصًا لأنَّه يَعتمدُ في بقائِه عليها. لذلك يشعرُ الآباءُ أنَّ من حقِّهم الطبيعيِّ والشرعيِّ أن يزُقُّون أطفالَهم بأفكارِهم ومُعتقداتِهم ومُسلَّماتهم. ويؤدّي ذلك إلى إعادةِ تغذيةِ "العقل المجتمعيّ" السائد بنفس القِيَمِ المتوارَثة والمكتوبة فيه؛ فيُفضي ذلك إلى جمودِ المجتمع ومُقاومتِه للتطوُّر والتقدُّم.

لكنَّ الطريقةَ الفُضلى هي إعطاءُ الأطفال خياراتٍ أكثر، مع تشجيعِ ثِقتِهم بأنفسِهم لِحَفزِ عقلِهم الفاعل لاكتشافِ الرأي الأفضل أو المناسِب.

ونحن نلاحظُ أنَّنا، في المجتمعاتِ العربيَّة، نقوم بزَقِّ الطفلِ بقِيَمِنا الموروثة، كحقائقَ ثابتة، باعتبارِها الأفضل. وفي الحقيقة فإنَّنا نُضرُّ الطفلَ، ونُضِرُّ أنفسَنا، ونُضِرُّ المجتمع بِهذا التصرُّف من حيث لا ندري، إذْ نعملُ على إعادةِ إنتاج التخلُّف.

وثَمَّةَ حديثٌ عميقٌ ومأثورٌ يُنسَب للإمام عليّ بن أبي طالب، يقولُ فيه: **"لا تُكرِهوا أولادَكم على أخلاقِكم لأنَّهم خُلِقوا لزمانٍ غير زمانِكم."** ومن حُسنِ الحظِّ أن يخرجَ في بعضِ المجتمعات أشخاصٌ يتمكَّنون من التحرُّر من عقلِهم المنفعِل الذي كوَّنَه لهم مُربُّوهم، فيسعَون لإعادة إحياءِ عقلِهم الفاعل، بعد أن يتحرَّروا من ضغوطِ العقل المجتمعيّ. ومن هؤلاء نذكرُ الأنبياءَ والعباقرةَ والمكتشفينَ والفلاسفةَ والمفكِّرين الذين حاربَهم حرَّاسُ العقل المجتمعيِّ بضراوةٍ وقسوة ابتداءً من سُقراط ومحمَّد (ص) وغاليلي، إلى علي عبد الرازق وطه حسين ونصر حامد أبو زيد

وغيرهم. وهؤلاء هم الذين يُنشئون الحضاراتِ ويُطوِّرون الشعوب من عُصورِ الهمجيَّة والتخلُّف إلى عصورِ التنوير والتقدُّم.

وكثيرًا ما كُنتُ أتمزَّقُ قهرًا عندما أسمعُ الناس العاديّين البُسطاء في العراق يقولون تبريرًا لِكثرةِ النسل، وتعدُّدِ الأولاد، مع ضيقِ الحال، وسوءِ العناية والتعليم: "هو الذي خلقَهم وهو الذي يتكفَّلُ بِهم." وهم يقصدون الله عزَّ وَجَلَّ؛ وبذلك يتخلَّصون من مسؤوليَّتهم إزاءَ أولادِهم، ويكفُرون بِنِعمة الإرادةِ البشريَّةِ الحُرَّة كسُلطةٍ وتقديرٍ وتعظيمٍ لِدَورِ الإنسان على هذه الأرض. وهي نعمةٌ تَعترفُ الدياناتُ السماويَّةُ بأنَّ الله تعالى منحَها الإنسان، وإلاَّ تنتفي فكرةُ الثواب والعقاب، على النَّحو الذي شَرحْناه في بحث "القضاء والقدَر مُقابل مسؤوليَّة الإنسان من تجلّيات العقل المجتمعيّ".[74]

وإذا أردْنا أن نرجعَ إلى الدوافعِ الجَذريَّة التي تدعو الآباءَ إلى ولادةِ الأطفال، سواءٌ المذكورة أعلاه أو غيرها من الأسباب التي يُمكن أن نُضيفَها أو نوضحَها أدناه، فنفسِّرُها في ضوءِ مبدإِ اللذَّة Principe du Plaisir أو مذهب المنفعة Utilitarianisme،[75] فيُمكن القول إنَّ جميعَ تلك الدوافع تنطلقُ من أساسٍ يرتبطُ بالأَثَرَة

---

74 ("صوت داهش" صيف 2005).

75 أنظر مادَّة Utilitarianism في Encyclopedia of Philosophy، المجلَّد الثامن. كذلك انظر مادَّتَي "اللذَّة" و"النفعيَّة" في جميل صليبا: "المعجم الفلسفيّ"، المجلَّد الثاني. وقد يجوز القول إنَّ "مبدأ اللذَّة" يعودُ إلى "أبيقور" (342-270 ق.م.)، كما ينسب "مذهب المنفعة" إلى الفيلسوفَين جيرمي بنتام (1748-1832) وجون ستيوارت مِل (1806-1873)، بتفصيل يخرجُ عن موضوعنا. انظر كذلك "الموسوعة الفلسفيَّة المختَصَرَة"، بإشراف زكي نجيب محمود، حول هؤلاء الفلاسفة.

أو حُبِّ الذات. وهذه تتراوحُ بين إشباعِ الوالدين للغريزة الجنسيَّة، ابتداءً، مع تمتُّعِهم بوجودِ أولادِهم كدُمًى جميلة حيَّة يتسلَّون بِها في أوقاتِ فراغِهم، فضلاً عن كونِهم ثمرةَ العلاقةِ الحميمة بين الجنسَين، وبين أنَّ الإنجابَ يُشكِّلُ سببًا للتباهي، انتهاءً، باعتبار أنَّ أولادَهم من صُلبِهم أو من دمِهم ولحمِهم، أو باعتبارهم امتدادًا لِكينونتِهم أو شخصيَّتهم أو أُسرتِهم، فضلاً عن إشباعِ دوافعِ انتمائهم الاجتماعيّ، مثلما ذكرنا أعلاه. أمَّا الاهتمامُ بصحَّتهم وبمستقبلِهم وتعليمِهم، فهو جزءٌ من تَحقيق ذواتِ الآباء من خلالِ نجاح أبنائهم.

ويرى الكاتبُ الأمريكيُّ المعروف مارْك توين Mark Twain أَنَّ جميعَ تصرُّفاتِ الإنسان، حتَّى الغَيريَّة والخيريَّة، بل الفِدائيَّة، ترجعُ إلى غرائزِه أو دوافعِه الأنانيَّة؛ وتفصيلُ ذلك عُرِضَ في كتابٍ تحت عنوان "ما الإنسان"، يتضمَّنُ حوارًا بين شيخٍ وشابٍّ يتناولُ قضايا فلسفيَّة مُهمَّة.

ومع ذلك فإنَّني أُفرِّق بين الأنانيَّة الإيثاريَّة أو الغَيريَّة أو الخيريَّة التي تنفعُ الآخَرين، والأنانيَّة الأثَريَّة، أي التي تُضِرُّ الآخَرين. ومنها أعمالُ المجرمين والقَتَلَة والذين يتلذَّذون بتعذيبِ الآخَرين، وخصوصًا الضعفاء والنساء. ولا أستثني من ذلك القياداتِ السياسيَّةَ العُليا، التي تأمرُ أو تسمحُ بقَتلِ الآلاف وتشريدِ الملايين أو تتغاضى عن ذلك، بُغيةَ التفوُّقِ العسكريِّ أو السيادة السياسيَّة، أو بِغَرَض تحقيقِ المصالح الإستراتيجيَّة أو الماديَّة، بما فيها الاستيلاءُ على الأرض أو ثرواتِها أو مُمارسةُ الاستعمارِ الاستيطانيّ.

ويمكنُ اعتبارُ إنجابِ الأولاد من قَبيل الأنانيَّة الخيريَّة أو الغَيريَّة، باعتبارِها تُفيد الأبوَين وتُشبِعُ غرائزَهم الأبويَّة كما تنفعُ

المجتمعَ والوطن، إذا أحسنَت تنشئةَ الولدِ وتربيتَه.

لكنَّ تربيةَ الأولاد نفسَها عِلمٌ واسعُ الآفاق يندرُ أن يُدرَسَ بإمعان، ومُمارسةٌ تطبيقيَّة مُعقَّدة، قليلاً ما تُتبعُ بحذاقة ولباقة من جانب الآباء؛ بل إن غالبيَّتَهم تعتمدُ في تربيةِ الأولاد على سليقةِ الحبِّ الأبويَّة ومعلوماتِهم العامَّة المأخوذة من هنا وهناك التي قد يكون أكثرُها مغلوطًا بل مُضِرًّا بالولد ومُستقبلِه.

لذلك يَقعُ الآباءُ في تصرُّفاتٍ تربويَّةٍ أو صِحيَّةٍ خطيرةٍ غير متعمَّدة، أحيانًا، صادرة عن حبٍّ صادق، ولكنَّها تُؤدِّي إلى الإضرار بالولد. ففي بحثِه المتعمِّق في أُسُسِ التربيةِ في المجتمع العربيّ، يُشير هشام شرابي إلى أنَّ "الواقع الذي يُجابهُ الطفلَ في العائلة هو واقعٌ سُلطَويّ. فنظامُ العائلة، كنظامِ المجتمع، في كلِّ مؤَسَّساته، نظامٌ هرَميٌّ يقومُ على السلطةِ والعنفِ، ويَحتلُّ الأبُ فيه المركزَ الرئيسيَّ والأوَّل، ويَحتلُّ الطفلُ المركزَ الأدنى. **وتتميَّزُ تربيةُ الطفل في العائلة السُّلطَويَّة بالعُنفِ والقَهرِ المستمرَّين. ولا يُقلِّلُ من ذلك كونُ الأب عادلاً أو مُتسامحًا نحو زوجتِه وأولادِه؛** فالمؤثِّرُ الرئيسيُّ هو العلاقاتُ الموضوعيَّة التي يقومُ عليها نظامُ العائلة، والتي تُقرِّرُ نوعيَّةَ التفاعُل بين الأفراد وتُحدِّدُ دورَ كلٍّ منها، لا طبيعةُ الأشخاصِ الذين تقومُ بينهم هذه العلاقات."[76]

وينطلقُ هشام شرابي في تحليله هذا من نظريَّته في "النظام الأبَويّ"، التي تنسجمُ في الأساس مع نظريَّة "العقل المجتمعيّ".

---

[76] هشام شرابي: "مقدّمات لدراسة المجتمع العربيّ" (بيروت: دار الطليعة، ط4، 1991)، ص 74.

لذلك ستكونُ لنا وِقفةٌ خاصَّةٌ ومُتأنِّية مع نظريَّةِ شرابي هذه التي نعتبرُها تُسهِم في توصيفِ أزمةِ التطوُّر الحضاريّ في الوطن العربيّ وتفسيرِها، ولاسيَّما من حيثُ علاقتُها بالتربيةِ والتعليم. ومع ذلك فلدينا ملاحظاتٌ وتَحفُّظاتٌ على هذه النظريَّةِ المهمَّة.[77]

والأمثلةُ على إضرارِ الأبوَين بالولَد لا تُحصى. منها، بالإضافة إلى ما أشَرنا إليه أعلاه، قيامُ الأمِّ القرويَّة الجاهلة، عندنا في العراق، بُمعالجة عَينِ الطفل الملتهِبة، بسائلٍ ذي لون أحمر يُسمَّى "الكوْبَّلي"، وقد أدَّى ذلك، في كثيرٍ من الحالات، إلى إصابة الطفل بالعمى الدائم. وفي جُعبتي عددٌ من الحالاتِ المأساويَّة الأُخرى التي سببُها سوءُ التربية، وقد أُتيحَ لي أن أكونَ شاهدًا شخصيًّا على بعضِها، وأن أتحقَّقَ من بعضِها الآخر من تواتُر الروايات. وهي ثلاثُ حوادثِ انتحار لأولادٍ كنت أعرفُهم شخصيًّا، ولنا علاقاتٌ أُسريَّة معهم. فقد كنتُ أُلاحظُ بوجهٍ خاصٍّ طريقةَ تعامُل الآباء المُثبِطة معهم. مثلاً لاحظْتُ مدى قساوةِ الأب في التعامُل مع أحدِهم الذي كان من أصدقاءِ الطفولة والصِبا، ولاسيَّما عند تأنيبِه أو تَحقيره أمامي وفي حضرةِ الزملاء الآخَرين.

ولا أُريدُ، في هذا المجال، أن يتبادرَ إلى ذهن القارئ أنَّني بِصَدَد التحدُّث عن مآسي سوء التربية في مجتمعِنا العربيّ كأنَّما هي محصورةٌ فيه، ذلك لأنَّ مثيلاتِها منتشرةٌ في جميعِ المجتمعات، بما فيها المجتمعاتُ الغربيَّة التي تزخرُ بحوادثِ الانتحار والإجرامِ والاغتصابِ والعُنفِ ضدَّ المرأة أو الأطفال، بل بحوادثِ تعذيبِهم

---

[77] أنظر هشام شرابي: "النظامُ الأبويُّ وإشكاليَّة تخلُّف المجتمع العربيّ" (بيروت: مركز دراسات الوحدة العربية، 1993).

أو قتلِهم أحيانًا من جانب الآباء. وهذه الحقائقُ متداوَلةٌ في الأخبار ومُثبتةٌ في المحاكم.

النقطةُ التي أُريدُ الإشارةَ إليها في هذا السياق هي أنَّ معظمَ هذه الحوادث، إنْ لم يكن جميعُها، يُمكنُ أن تعودَ في أسبابِها الجَذريَّة إلى سوءِ تربيةِ الجاني منذ طفولتِه الأُولى، كتعرُّضِه للقهر أو الاغتصابِ مثلاً، في أشدِّ الحالات عُنفًا، فيؤدِّي به ذلك إلى الانتقامِ من الآخَرين بنفسِ الطريقة. وقد يستخدمُ نفسَ الوسائل مع أولاده، وهكذا تتوالى أحداثُ سوءِ المعاملة وتنتقلُ من جيلٍ إلى جيل.

وتتطرَّقُ بعضُ نظريَّات علمِ الإجرام—بما فيها النظريَّاتُ النفسيَّة، ومنها نظريَّةُ التحليل النفسيّ، والنظريَّاتُ الاجتماعيَّةُ التي تُفسِّرُ الجريمة بالظروفِ الاقتصاديَّة أو الاجتماعيَّة أو الأُسريَّة التي يتعرَّضُ لها الفرد—إلى اعتبارِ التربية عاملاً حاسِمًا في سلوكِ الفَردِ الإجراميِّ أو سلوكِه السويِّ أو الخيِّرِ أو المبدِعِ والخلاَّق في مختلف مناحي الحياة (باستثناء نسبةٍ قليلة من الناس الذين يُقال عنهم إنَّهم مجرمون بالطبيعة؛ وقد طرحَ هذه النظريَّة أوَّلَ مرَّةٍ العالِمُ الإيطاليُّ لومبروزو Lombroso.[78] لذلك أكَّدنا أنَّ للتربية دورًا جدَّ خطير في مسيرة أيِّ مجتمع، لاسيَّما إذا تأمَّلنا بتمعُّنٍ واستذكرنا التعريفَ الموسَّع الذي قدَّمناه لعمليَّة التربية.

ولقد خَلصْنا إلى أنَّ "التربية تشمل، في نظرِنا، جميعَ ما يتعرَّضُ له الناشئُ من ظروفٍ ماديَّة أو معنويَّة منذ طفولتِه الأولى، سواءٌ

---

[78] أنظر لومبروزو Lombroso، أستاذُ الطبّ الشرعيّ والعقليّ في الجامعات الإيطاليَّة، في <www.marmarita.com>.

كان في أحضانِ أُمِّه أو مُربِّيَته وفي رعايةِ أسرتِه، أو في روضتِه ومدرستِه وجامعتِه، أو مع أقرانِه. لذلك نعتبرُ التعليمَ جزءًا من التربية؛ فهي تستغرقُ التعليمَ النِّظامي، وتتجاوزُه إلى التعلُّم الذاتيّ غير النظاميّ بما فيه المطالعاتُ الخارجيَّة والعلاقاتُ بالأشخاصِ والجماعاتِ والمؤسسات، فضلاً عن وسائطِ الإعلام الحديثة وخاصَّة الإنترنيت." وهكذا يمكنُ أن نعتبرَ التربيةَ عمليَّةً تُواكبُ الإنسانَ من ساعةِ وِلادتِه إلى لحظةِ وفاتِه: "اطلبوا العلمَ من المهد إلى اللحد." وبالتالي فانه لا حد نهائيا لها، كما أنها لا تقتصر على عمر محدد، بل يمكن القول أنها تشمل الآباء والأبناء على حد سواء. وفي الحقيقة فان توسيع مفهوم التربية ليشمل الآباء، يمكن أن يشكل واحدا من أهم المفاتيح التي تتيح الخروج من أسر "العقل المجتمعي".

إن الاعتراف بالحاجة الى "التربية والتعليم" من جانب الآباء، لهو أهم من القبول المسبق بالحاجة الى تربية وتعليم الأبناء. لأننا، عبر هذا السبيل، نجعل الباب مفتوحا، بحق، امام التحاق تربية الأبناء بزمانهم لا بزمان آبائهم. كما أننا عبر هذا السبيل، نضمن سير العملية التربوية الى الأمام، بدلا من دورانها في حلقة التكرار المفرغة.

صراع العقلين الفاعل والمنفعل

لا شك في أن انتشار التعليم قد كان عاملا حاسما في تقدم الغرب وبناء أسس تحضره، وذلك على الرغم من سيادة العقل

المنفعل في القرون الوسطى. ولكن ذلك لم يتحقق في الواقع بين ليلة وضحاها بل احتاج إلى عدة قرون.

ففي القرون الوسطى كان الغرب خاضعا لقيم العقل المجتمعي الكنسي المتخلف، التي يتَبِعها الجمهور بعقله المنفعل بذلك العقل المجتمعي. وهكذا فقد احتاج الغرب عدة قرون لتغيير عقله المجتمعي. أما العقل الفردي فقد ظل منفعلاً بالعقل المجتمعي، لأن العقل الفردي يظل تابعاً للعقل المجتمعي في تأخره أو تقدمه، على الأكثر. وظلت النخبة القليلة المُحَمَّلة بعقل فاعل تكافح بمشقة كبيرة لتغيير العقل المجتمعي.

وحدث هذا التحول لعدة عوامل، منها التأثر بالحضارة العربية الإسلامية، التي ظلت متمركزة لقرون طويلة في الحديقة الخلفية لأوربا: إسبانيا (الاندلس)، جنوب إيطاليا وصقلية. كذلك تأثر الغرب بالعرب من خلال الحروب الصليبية.

ومن جملة الأسباب الأخرى لظهور بوادر النهضة الأوربية نشير إلى عدة أدباء يتحلون بعقل فاعل، كتبوا باللغة الإيطالية الدارجة بدل اللغة اللاتينية، تحديا للتقاليد الكنسية. منهم؛ دانتي اليجييري (ويقال أنه كان متأثرا بأبي العلاء في كتابه رسالة الغفران،) وبترارك وبوكاشيو وميكافيللي ولورنزو دى مديتيشى وسافونارولا وبيكو دى لا ميراندولا.. كما ظهر علماء ومكتشفون من ذوي العقول الفاعلة، فتحوا آفاقاً جديدةً تناقض مبادئ العقل المجتمعي، التي كانت متسلطةً في تلك العصور، منهم كوبرنيكس وغاليلو. وفي نفس الوقت تقريبا ظهرت حركة الإصلاح الديني التي اضطلع بها القس جوردانو برونو(أُحرق

حيّاً) والقس مارتن لوثر الذي استخدم عقله الفاعل في التمرد على العقل المجتمعي، وربما ربيبه العقل المنفعل، الذي كانت تكرسه الكنيسة. وبسبب هذا التمرد حدثت الحروب الدينية التي استمرت أكثر من مئة وثلاثين سنة (1517 - 1648 م). وربما نمر نحن العرب اليوم بمرحلة مشابهة، لأن حروبنا الأهلية والبينية هي في جوهرها حروب دينية، أو مذهبية في الغالب. ومن هذه الناحية، نحن متخلفون عن أوروبا بفترة زمنية تبلغ أربعة قرون، على الأقل.

المهم في النهضة الأوربية هو التوجه نحو قناعة الإنسان بـ"الطبيعة"، والتخلي عما بعد الطبيعة أو فوقها، أو الانتقال من مرحلة اعتماد الناس على القوى الميتافيريقية، الماورائية، ومنها القضاء والقدر، إلى مرحلة اكتشاف أثر القوى الطبيعية على حياة البشر بوجه عام ومحاولة اكتشافها والسيطرة عليها، قدر الإمكان. وهذا تحول حضاري أساسي في تاريخ البشرية.

وأرى أن ثمة سبب آخر لنجاح النهضة الأوربية، بالمقارنة مع فشل النهضة العربية، هو عدم وجود حضارة أخرى تزاحمها خلال تلك الفترة.

وفي القرن السابع عشر ظهر الفيلسوف رينية ديكارت الذي يعتبره البعض أبا الفلسفة الحديثة. وهو الذي أكد بأن قوانين الطبيعة مساوقة بل مطابقة لقوانين العقل. أي أننا نتمكن من اكتشاف قوانين الطبيعة المتحكمة بحياة البشر، عن طريق العقل. أما عمانوئيل كانط فقد خطا خطوة جديدة، وذلك عن طريق إقامة العلاقة بين العقل ونظام الطبيعة على أساس الحقائق العلمية،

العلوم الرياضية والطبيعية (الفيزياء)، ولاسيما العلوم التجريبية. ثم جاء هيغل فقرر أن كل ما في الوجود يمكن تفسيره بالعقل، أي ليس فقط تفسير الشيء في مظهره بل الشيء بذاته.

وأرى أن هذا التمييز الذي كان سائداً، وهو الذي اخترعه الفلاسفة القدماء، بين ذات الشيء أو ماهيته، من جهة، وظاهر الشيء أو خصائصه الظاهرية، من جهة أخرى، هو تمييز اعتباطي، ناتج عن عجز الفلسفة عن تفسير الواقع، عندما كانت الفلسفة هي العلم. ولكن عندما انفصل العلم عن الفلسفة، بل أصبحت الفلسفة تابعة للعلم، تخدمه وتعقلنه. في هذه الحالة، لم يعد هذا التقسيم وارداً أصلاً.

واستنادا الى ذلك، فإن الغرب قد نجح في تعديل بل تغيير العقل المجتمعي الأوربي الأوسطي بواسطة ظهور مفكرين يحملون عقلاً فاعلاً، ما أدى إلى ظهور النهضة الأوربية، التي تمخضت عن الثورة العلمية فالثورة الصناعية فالثورة المعلوماتية فالثورة الرقمية الراهنة التي تتمخض عن سلسلة من الاكتشافات والتطبيقات المتوالدة بسرعة هائلة لم يسبق لها مثيل في التاريخ.

وأميل إلى القول بأن العقل الفردي للعامة يظل منفعلاً بالعقل المجتمعي، مهما تغيَّر، صعوداً أو نزولاً، تقدماً أو تخلفاً. فمعظم الأمريكيين اليوم متأثرين بالتقدم الحضاري كناتج فوقي وليس كبناء مؤسسي متماسك. أي أنهم يتبعون هذا التقدم بعقلهم المنفعل به أيضاً، شأنهم شأن شعوب المجتمعات المتخلفة.

ومن جانب آخر، نلاحظ أن الأمريكيين بوجه عام أصبحوا مثلاً يتعاملون مع الأفارقة الأمريكيين بندية إلى حد كبير. بينما كانوا حتى أواسط القرن الماضي يعتبرونهم أقل منهم إنسانية، ويمارسون ضدهم أقسى أشكال الفصل العنصري. وكان العقل الفردي منفعل بالعقل المجتمعي الأمريكي السائد في منتصف القرن الماضي. بينما تغير الوضع تماماً اليوم بحيث اختار معظم الأمريكيين شخص أسود لرئاستهم، لدورتين متعاقبتين. هذا التغير السريع نسبياً قد يدل على أن العقل المجتمعي في البلدان المتقدمة يتغير بوتيرة أسرع من نظيره في البلدان المتخلفة.

وأرى أن النُخبة هي التي يمكن أن تعمل على تطوير المجتمع وتقدمه، بعقلها الفاعل، فتخلق مبادئ جديدة تحل محل القديمة. وهكذا فإن العقل الفاعل هو الذي ينشئ الحضارات (انظر ص 189 من كتاب "أزمة التطور الحضاري في الوطن العربي").

كذلك أرجو ألا نأخذ بنظرية "العقل الفاعل والعقل المنفعل" بمعزل عن "نظرية العقل المجتمعي"، كما يبدو من صيغة الأسئلة المطروحة. وأعني بذلك أننا إذا قلنا بوجود عقل منفعل فهو منفعل بالعقل المجتمعي، وإذا قلنا بوجود عقل فاعل، فهو فاعل بالعقل المجتمعي؛ (أي قد يُعدِّله بل يغيره). فهناك، من جهة، اختلاف مهم بين المفهومين، ومن جهة أخرى، ثمة تلازم بينهما. فالعقل المجتمعي الذي يرتبط بالمجتمع، لا يمكن أن يعبر عن ذاته إلا عن طريق أفرادٍ؛ هُمْ أعضاء في ذلك المجتمع، يحملون عقلاً منفعلاً به عادة (أي بالعقل المجتمعي). أما النخبة

التي تحمل عقلاً فاعلاً فإنها تسعى إلى تقويض مفاهيم العقل المجتمعي لتعديله أو تغييره.

علماً أن هذه النخبة التي تحمل مشعل العقل الفاعل تنشأ من طبقة العامة عادة. ويزداد عددها أو يقل تبعاً لمدى توفر الحريات العامة لدى المجتمع، ومدى توفر وسائل التربية والتعليم المتقدمة فيه. ففي الوقت الذي نضطهد، بل نقتل أبناءَنا من حَمَلَــة العقل الفاعل، يحتفل الغرب ويكرِّم أبناءه من المبدعين الذين يحملون عقلاً فاعلاً.

وهكذا أرى أننا نعيد إنتاج التخلف. ذلك لأن عدم توفر الحرية الكافية للتعبير عن الرأي ولاسيما الرأي الآخر، يحدّ من ظهور عقول فاعلة كافية لكسر حلقة التخلف، ما يسفر عن بقائنا ندور في حلقة مغلقة تعيدنا إلى ما كنا عليه في الجيل السابق. والأدهى من ذلك أن الحركات الأصولية المتطرفة ترى أنه يجب أن نُلزمَ أولادنا بمبادئنا ومعتقداتنا الخاصة، ورفض أي فكر مختلف آخر لأنه فكر كافر يجب اجتثاثه وتصفية أصحابه كواجب عين.

اما "الصراع" بين "العقل الفاعل" و"العقل المنفعل"، فانه يشكل واحدة من أهم آليات التقدم، وذلك بسبب الترابط العضوي الشديد بين العقل المجتمعي من جهة، وبين عقول الأفراد الأعضاء في المجتمع. والمجتمعات التي تكبتُ أو تكبح هذا الصراع، أو تكتمه، تنحدر في مسار لا نهائي للتخلف، بينما المجتمعات التي تخوضه وتكشف عن عناصره وتتعايش معه وتقبل بما يفرض نفسه، تتقدم وتنمو وتزدهر.

وهنا تجدر الإشارة الى النقاط التالية:

1- في جميع المجتمعات هناك صراع دائم بين العقل الفاعل والعقل المنفعل، ما قد يؤدي إلى تعديل العقل المجتمعي أو تغييره، ولاسيما في المجتمعات النامية، وفي مجتمعاتنا العربية بوجه خاص.

2- في المجتمعات المتخلفة أو النامية، غالبا ما يصعب أو يتعذر تعديل العقل المجتمعي، ناهيك عن تغييره، لأن العقل المنفعل بالعقل المجتمعي يرقى دائماً على العقل الفاعل ويبزّه في تلك المجتمعات.

3- يتوقف تقدم المجتمع على مدى تغلب مفاهيم العقل الفاعل على مفاهيم العقل المنفعل بالعقل المجتمعي السائد. ويحدثنا التاريخ، كما تعلمون، عن هذا الصراع الذي بدأ منذ فجر التاريخ المعروف. مثلا حوكم سقراط وحكم عليه بالموت لأنه كان يحمل عقلاً فاعلاً تمرد على العقل المجتمعي السائد. وعوقب القس جوردانو برونو لأنه تجرأ على الشك في بعض المبادئ الكنسيَّة، فحكم عليه بالحرق حياً. كما رفض الرسول محمد عبادة الأصنام، ودعا إلى عبادة الله وحده لا شريك له، فاضطُهد من قِبل معظم أفراد عشيرته وأتباعهم لمدة ثلاث عشرة سنة، ساموه خلالها أفظع أنواع القهر والمقاومة والتنكيل.

4- وإذا تتبعنا النهضة الأوربية منذ مطالعها في القرون من الثالث عشر إلى السابع عشر فالثامن عشر، نلاحظ أنها قامت، كما تعلمون، على أكتاف نخبة من المفكرين والعلماء الفاتحين الذين يتحلون بعقل فاعل كسروا المسلمات السائدة في العقل المجتمعي.

5- أن جميع المجتمعات مرت بفترة تكبح فيه العقل الفاعل الذي قد يظهر لدى الأفراد المتميزين بذكائهم، الذين فطنوا إلى أن كثيراً من المعتقدات والمسلمات السائدة والقابعة في "العقل المجتمعي"، غير صالحة لمجتمعهم بل بعضها مُدَمِّر له. وهذا ما يحدث اليوم في معظم البلدان العربية.

ولكن إذا كان من طبيعة العقل المجتمعي ان يكبح القعل الفاعل، ويسعى الى سجنه، فماذا يجب أن نفعل لإطلاق سراح "العقل الفاعل" من محبسه؟

يجب رفع أصوات ذوي العقل الفاعل، وحمايتهم من زبانية العقل المنفعل. علماً أن أصحاب العقل الفاعل هم قلّـة لأنهم أشجع، فهم يمثلون الصفوف الأولى. وخلفهم عدد أكبر، ولكن أفراده أقل تقحماً وشجاعةً. وقد يعبرون عن أفكارهم بشكل غير صريح، خوفاً من أن يكون مصيرهم كمصير فرج فودة، أو نصر حامد أبو زيد مثلا. لذلك يجب أن نسعى لدفع القابعين في الصفوف الخلفية، إلى الصفوف الأولى، عن طريق التوعية والتشجيع. فكلما ازداد عدد المثقفين الرواد أصحاب العقل الفاعل، ضعف الطرف الآخر من ذوي العقل المنفعل. نعم، سنواجه مقاومة شديدة ولكن همم الرجال تزيح الجبال. مع ذلك فإن الأوضاع الجارية اليوم في الوطن العربي لا تبشر بالخير.

وحيث ان الصراع جزء من طبيعة "التعايش" بين العقلين الفاعل والمنفعل، فإن إزاحة "العقل المنفعل" من المعادلة أو طرده من التاريخ، تعد موقفا متطرفا، كما انه مستحيل أصلاً، لاسيما وأن "العقل المنفعل" ينطوي على مفاهيم مفيدة أيضا

وضرورية للاستقرار الاجتماعي، وللحفاظ على "السيرورة" الاجتماعية، وللحيلولة دون تحول التقدم الى قفزات متقطعة في الفراغ. ولكن ما يحصل هو أن "العقل المنفعل" هو الذي يقوم في الواقع بالسعي لإزاحة "العقل الفاعل" من المعادلة، ويحاول طرده من التاريخ (من اجل العودة بنا الى تاريخ آخر). وهذا موقف متطرف أيضا، كما انه يشكل معاندة، تحولت الى هستيريا مرضية، لحركة التاريخ نفسه، ولقيم التقدم العلمي، التي تجبر كل الشعوب على قبولها، شاءت أم أبت. ومن الواضح، فأن ظواهر مثل داعش والقاعدة وغيرها من حركات الإسلام السياسي، هي تعبير صادق عن الطبيعة الهستيرية لهذا المرض.

من جهة أخرى فمن الجدير بالملاحظة أيضا انه من غير الصحيح التعامل مع هذين العقلين باعتبارهما مستقلين عن العقل المجتمعي. فهما إنما يتصارعان فيه، كما أنها يتصارعان من أجل كسبه، وفرض السيطرة عليه.

وبحسب سُنة التطور، فان ما كان عقلا فاعلا، يمكن ان يعود ليصبح عقلا منفعلا، وذلك حالما تتحول مفاهيمه وآليات عمله وأحكامه الى قوالب جاهزة في مواجهة الديناميكية الطبيعية لحركة التقدم العلمي والمعرفي والتكنولوجي، التي عادة ما تطرح على المجتمع أسئلة جديدة تتطلب أجوبة جديدة تتحدى أجوبة الماضي.

استنتاجات

بَحَثْنا في هذا الفصل في نقاطٍ مهمّة ترتبطُ بمسألةِ التربية باعتبارِها قضيَّةً إنسانيَّة تتصل بمسؤوليةِ الآباء العُظمى في تربية أبنائِهم، تلك المسؤوليَّةِ المنبثقةِ عن إنجابهم الأولاد، بإرادتِهم المنفردة، التي أدَّت إلى "خَلقهم" وتكوينهم. وأشرْنا إلى أنَّ معظمَ الآباء يُنجبون الأولادَ لأغراضٍ تتعلَّق بمصالحِ الآباءِ أنفسِهم، بما فيها إشباعُ غرائزهم البيولوجيَّة والاجتماعيَّة. ونادرًا ما تتوجَّهُ التربيةُ إلى مُراعاةِ مصلحةِ الناشئ نفسِه بالتفاعُلِ مع مصالح مجتمعِه عن طريقِ حَفز عقلِه الفاعل، بدلاً من كَبْتِه أو إبعادِه وتكريسِ عقلِه المنفعِل الخاضعِ للعقل المجتمعيّ. وهذا النسقُ من أغراضِ التربية يكادُ يحدث، في الواقع، في مختلفِ المجتمعاتِ البشريَّة، باعتبار أنَّ هذه الأغراضَ جزءٌ من مُسلَّمات العقلِ المجتمعيّ. ولئن تختلف الآراء والاتِّجاهاتُ الخاصَّة بهذه النقطة، فإنَّنا سنبحثُها في الفصل التالي تحت عنوان "وظائف التربية"، حيث سنتعرَّضُ لآراء عدَدٍ من الفلاسفة والمفكِّرين ونظريَّاتِهم، بمن فيهم، ماكْس ويبر Max Weber وأميل دوركايم E. Durkheim وكارْل مانهايم K. Manheim وهيرسكوفتز M.J. Herskovits وبرتْرانْد رسل Bertrand Russell. كما سنبحثُ في علاقةِ هذه النظريَّاتِ بنظريَّتَيّ العقلِ المجتمعيّ والعقلِ الفاعل والعقلِ المنفعل، التي تعبِّرُ عن بعض آراءِ الكاتب.

ويأتي تناولُ مسألةِ التربية، بوجهٍ عامّ، في سياق بحثِنا المسهَب في مسألة "أزمة التطوُّرِ الحضاريّ في الوطن العربيّ"،

باعتبار أنَّ التربية، سواءٌ الأُسريَّة أو المدرسيَّة أو الشارعيَّة (من الشارع)، تُشكِّل حجَرَ الزاوية بالنسبة لأيَّة محاولةٍ لتصحيحِ مسيرةِ الأُمَّة العربيَّة الحضاريَّة، التي توقَّفت منذ قرونٍ عديدة، ولم تُفلِحْ جميعُ الجهود المبذولة في استئنافِها في العصر الحديث.

وأرى أنَّ مشروعَ النهضة العربيَّة الذي رُبَّما افتتحَه رفاعة الطهطاويّ وجمال الدين الأفغانيّ ومحمد عبدُه، حتّى وصلْنا إلى طه حسَين وسلامة موسى وشِبلي شميِّل وعلي الوردي وهشام شرابي ومحمد جواد رضا ومحمد عابد الجابري وغيرهم، قد قُتِلَ فعلاً منذ قتلنا جسديًّا فرَج فودة، وشرعْنا بِقَتل نجيب محفوظ، وقتلنا معنويًّا أو فكريًّا علي عبد الرازق ونصر حامد أبو زيد وغيرهم. كما أرى أنَّ من أهمِّ أسبابِ حصول هذه الكوارث التي تتوالى على الأُمَّة العربيَّة، بما فيها الحروبُ الأهليَّة التي تتأجَّج اليوم في العديد من البلدان العربية (سوريا، العراق، اليمن، ليبيا، مصر جزئيا) (نحن في النصف الثاني من عام 2015) تعودُ أصلاً إلى "أزمة التخلف الحضاريّ في الوطن العربيّ"، التي ترجع في جذورِها بالتالي، إلى فشَل مشروع النهضة في معالجِة إشكاليَّة التربية والتعليم في الوطنِ العربيّ.

الفصل الخامس

وظائفُ التربية

وعلاقتُها بالعقلِ المجُتمَعيّ

مقدّمة

في الفصول الأربعة السابقة، تناولنا بعضَ الخلفيَّات التاريخيَّة والمعرفيَّة (الإبستمولوجيَّة) لإشكاليَّةِ التَربيةِ والتَعليم في الوطن العربيّ. فاضطلعنا، كعادتنا، بتَحديدِ المفاهيم المتعلِّقة بموضوعنا، أوَّلاً؛ لأنَّنا نعتقدُ أنَّ تعريفَ المصطلحاتِ يُشكِّل العمودَ الفقريَّ لهيكلِ البحث. ثمَّ انتقلنا إلى استعراضٍ تاريخيٍّ مُختصرٍ لتطبيقاتِ التربيةِ والتعليم في الحضارةِ العربيَّة الإسلاميَّة، في حلقتَين، وبحثَنا في الفصل السابق، في "فلسفةِ التربية"، حيث ناقشْنا الدوافعَ الجذريَّةَ البدائيَّة العميقة التي تَدفعُ معظمَ الناس لإنجابِ الأبناء، ثمَّ تربيتِهم على سُنَّـتهم، فيُعيدون إنتاج خصائِصهم التي قد تضرُّ الناشئ والمجتمع أكثر ممَّا تُفيدُهما.

وسنعالج في هذا الفصل، أهمَّ النظريَّات المتعلِّقة بوظيفةِ

التربية والتعليم، بوجهٍ عامّ. ونحن نبحث ذلك في إطار موضوعنا الأساسيِّ الأكبر: "أزمة التطوُّر الحضاريِّ في الوطن العربيّ". ذلك لأنَّنا نرى أنَّ من أهمَّ أسبابِ ظهور وتفاقُم أزمة التطوُّر الحضاريِّ في الوطن العربيّ، تعودُ إلى فشلِ عمليَّة التربيةِ والتعليم فيه. لذلك ما بَرحنا نَرى أنَّ مُعالجةَ تلك الأزمةِ تقتضي معالجةَ جُذورها التي تتجلَّى في إشكاليَّةِ التربية والتعليم. ولا يمكن تحليلُ فشَل التربيةِ في بلادِنا من دون إلقاءِ بعض الضوءِ على أهمِّ النظريَّات المتعلِّقة بالتربيةِ والتعليم، بوجهٍ عامّ، لتعرُّفِ آراءِ بعض المفكرين في وظيفة عمليَّة التَربية، بالنسبة لمختلف المجتمعات؛ أي ماذا نُريد أن نحقِّقه، بصفتِنا بشرًا، من خلال تربيةِ أولادِنا.

وقد فاتَنا سابقًا أن نَشرحَ بوضوحٍ أنَّ عمليَّةَ التربيةِ بمفهومها الواسع لا تشمَل، وَفقَ اعتقادنا، الصغارَ وحسب، بل تتعلَّقُ بالكبار أيضًا. فنحن في الواقع بحاجةٍ إلى تربيةِ أنفُسنا بنفس القدْر الذي نحتاجُ فيه إلى تربية أولادنا. ومن الحريِّ بنا أن نتساءل: كيف نُربِّي أنفُسَنا نحن الكبار، ليس فقط بغرض زيادة معارفِنا العامَّة والمتخصِّصة، بل توسيع آفاق عقلانيَّتنا، والتغلُّب على خُضوعِنا الكامل لـ "العقل المجتَمعيّ"، وزيادة فعَّالية عقلِنا الفَاعل والتقليل من تأثير عقلنا المُنفعل. وبعبارةٍ استفهاميَّةٍ أُخرى: كيف نُربِّي، نحنُ الكبار، أنفسَنا لنكونَ جديرينَ بتربيةِ أولادِنا؟ وبتعبير أوسع وأدق: كيف نستطيع أن نجدد عقولَنا لنكون جديرين بتكوين عقول أبنائنا ليس لحاضرنا بل لمستقبلهم؟ "ربوا أولادكم لزمان غير زمانكم".

وهذا يَعني أنّ التربيةَ عمليَّةٌ مُتواصلةٌ تبدأُ بالولادة ولا تَنتهي إلا بالوفاة.

الفرقُ المهمُّ بين تربيةِ الصغار وتربيةِ الكبار هو أنَّ الصغارَ يعتمدون في تربيتِهم على الكبار حتىَّ يُدركوا سنَّ الرُشد، على الأغلب، في حين أنَّ المفروضَ أن يعتمدَ الكبارُ على أنفُسهم في تربيةِ أنفُسِهم، في المقام الأوَّل، فضلاً عن التعلُّمِ من مجَريات الحياةِ ودُروسِها. وكلُّ ذلك يعتمدُ على مقدارِ وَعْيِ البالغ، أو درجةِ شعورِه بأنَّ كلَّ ما يُحيطُ به من مَسموعاتٍ ومَرئيّاتٍ ومَقروءاتٍ وأشياء وأشخاص، جديرٌ بالتمعُّن والفَهْم والاستيعابِ والتعلُّم؛ وهذه نقطةٌ جديرةٌ بالبحثِ والتفصيل ربَّما في مُناسبةٍ أُخرى.

وتنبع أهمية عملية تربية الكبار، في المقام الأول، من حرصنا على تربية الأسرة والمعلمين بغية تحسين قدرتهم على تربية الصغار. فإذا كان المربي جاهلاً فتربيته للأولاد ستكون عقيمة بل سيئة.

وظائفُ التربية

1- يَرى ماكْس فيبر M. Weber أنَّ التربيةَ وسيلةٌ من وسائل تثبيتِ الهيمنةِ الاجتماعيَّة. ففي كتابِهِ "مقالات في عِلمِ الاجتماع" *Essays in Sociology*، وضع نمطيَّةً اجتماعيَّةً Sociological Typology للوسائل والغايات في التربية،

تُوازيها نمطيَّةٌ أُخرى في تَوزيع القوَّةِ الاجتماعيَّة، أطلقَ عليها "البناء الاجتماعيّ من أجل الهيمَنة" Social Structure of domination.

وخَلُصَ من المقارنة بين النمَطين إلى أنَّ "كلَّ نظامٍ تربويٍّ يهدفُ إلى تهذيبِ الأطفال تهذيبًا يُعوِّدُهم سلوكًا معيَّنًا في الحياة؛ سلوكًا مُشخَّصًا لجماعةٍ مُعيَّنةٍ في بناءٍ اجتماعيٍّ مُعيَّنٍ وملائمٍ لتلك الجماعة، وقابلٍ للربطِ مع نظامها البيروقراطيِّ والعقليّ."

ويُعلِّق محمَّد جواد رِضا على ذلك بقوله: "إنَّ استخدامَ الهيمنةِ الاجتماعيَّة ليس مُهمًّا في ذاتهِ أهميَّة الجهة التي يُوجَّه إليها، فقد تكون الهيمنةُ من أَجل التقدُّمِ والحركيَّة، وقد تكونُ من أَجل المحافظة والركود."[79]

وأرى أنَّ رأيَ ماكْس فيبر هذا ينسجمُ مع نظريَّتي بشأن "العقل المجتمعيّ"، من حيث أنَّ التربيةَ المنتجة للتخلف تهدفُ إلى إشرابِ الأولاد مَبادئَ ومُستلزماتِ "العقل المجتمعيّ"، وإلغاءِ "عقلِهم الفاعل" لمصلحةِ "عقلهم المُنفَعِل". ونظراً لأن هذه النظرية تنطبق على جميع المجتمعات، وبالأحرى على جميع الظواهر المجتمعية، في كل زمان ومكان، لذلك نعتبرها نظرية عامة، تفسر وتؤصل تلك الظواهر، وسنكرر ذكرها.

2- أمَّا أميل دوركايم E. Durkheim فيرى أنَّ وظيفةَ التربيةِ تتجلّى في كَونِها أداةَ المجتمع لتحقيقِ الوفاقِ الاجتماعيّ. ويُشير،

[79] محمَّد جَواد رِضا: "العربُ والتربيةُ والحضارة: الاختيار الصعب" (بيروت: مركز دراسات الوحدة العربيّة، ط 3، 1993)، ص 26.

في كتابِهِ *Education et Sociologie*، إلى أنَّ التَربيةَ "مؤسَّسةٌ اجتماعيَّةٌ عاملةٌ من أَجل تحقيق الوفاق الاجتماعيِّ والتكامُلَ الاجتماعيّ، وذلك من خلالِ تنشِئةِ الأطفالِ على السَجايا والشمائِل الشخصيَّة، وأنماطِ السلوكِ المقبولةِ من لَدُن الجماعةِ التي يَنتسبون إليها. ذلك أنَّ المجتمع لا يستطيعُ البقاء – كما يرى – إلاَّ إذا تحقَّقت بينِ أعضائهِ درجةٌ كافيةٌ من التناظُر والتجانُس. والتربيةُ هي التي تُخلِّد هذا التجانُسَ وتعزِّزُه عن طريقِ غَرسِ التشابُهاتِ الجوهريَّة التي تتطلَّبُها الحياةُ الجماعيَّة في الأطفال منذُ البداية."[80]

3- ويَرى أصحابُ المذهبِ الثالث، وعلى رأسِهم كارْل مانْهايم K. Manheim، أنَّ وظيفةَ التربية تتجلَّى في تقنياتٍ مُعيَّنةٍ، أو أساليبَ اجتماعيَّةٍ Social Techniques، تقومُ على استخدام طُرقٍ خاصَّةٍ للتأثير في سُلوك الفَرد لينسجمَ مع أنماطِ السلوكِ الاجتماعيِّ السائدة في ذلك المجتمع. فوظيفةُ التربية هي السعيُ إلى مُساعدةِ الفَرد على اكتشافِ السُبلِ الكفيلة بالانسجام مع الوَضع القائم.

ويُضيف محمَّد جوَاد رِضا قائلاً: "يُريد مانْهايم أن يقولَ بإمكانيَّة التعايُش بين ذات الفَرد وذات الجماعةِ من خلال تهيئةِ الفَرد لفَهْم ما هو سائدٌ في جماعتِه، واحترامِه من غير وجوبِ التزامِه التزامًا قهريًّا أو تلقينيًّا."[81]

---

80 المصدر السابق، (ص 26)

81 المصدر السابق، (ص27)

ولكنَّني أَرى أنَّ هذه النظريَّةَ تكادُ لا تختلفُ كثيرًا عن سابقاتها، إلاَّ من حيثُ وسائلُ التَعبير والمصطلحات، وبالتالي تتَّفقُ مع آرائي المتعلِّقة بإن هذا النمط من التربية يسعى الى إسقاءِ الأولاد قواعدَ "العقل المجتمعيّ" لتَنشيط "عقلِهم المُنفَعل"، على حِساب "عقلهم الفَاعل".

4- ويَنحو هيرْسكوفِتز M. J. Herskovits إلى تَبَنِّي نظريَّة الدَمجِ الثقافيّ Enculturation التي تَقضي بالقيام بعمليَّةِ تكييفٍ واعٍ أو غير واعٍ، تُمارَسُ ضمنَ حدودٍ مُعترَفٍ بها من مجموعةِ التقاليد. ويتحقَّقُ ذلك من خلال العمليَّة التعليميَّة Learning Process، بحيث يكتسبُ الإنسانُ، طفلاً أو راشدًا، الكِفايةَ الاجتماعيَّة داخل ثقافتِه. ويرى أنَّ عمليَّة الدَمجِ الثقافيِّ مُعقَّدةٌ ومُستمرَّةٌ مدَى الحياة، فهي تقعُ بشكلٍ اعتباطيٍّ وقَسريٍّ في الطفولة، ولكنْ عندما يكبرُ الفَردُ ويَنضج، يتعلَّم كيف يقبلُ أو يَرفضُ بشكلٍ واعٍ قيَمَ مجتمعه."[82]

وهنا نُلاحظُ هذا التوافُقَ مع المفهومِ الذي شرحتُه، في المقدِّمة، المبنيّ على أنَّ عمليَّة التربية لا تقتصرُ، من حيث المبدأ، على الصغار فحسب، بل تَشملُ الكبار، بوجهٍ عامٍ، أيضًا؛ إذْ نُلاحظُ أنَّ هيرسكوفتز يَرى أنَّ عمليَّة الدمْجِ الثقافيِّ مُستمرَّةٌ مَدى الحياة. كذلك أتَّفقُ معه من ناحيةِ أنَّ الدَمجَ الثقافيَّ يتضمَّنُ القيامَ بعمليَّةِ تكييفٍ واعٍ أو غير واعٍ للانسجام مع التقاليد السائدة. لكنّني أضيف معدلاً لما قاله، فأشير إلى أنَّ الدَمجَ الثقافيَّ ما هو إلاَّ تعبيرٌ آخَر لمفهومِ الخضوع لـ"العقل المجتمعيّ" بشكلٍ غير

---

82 المصدر السابق، (ص27)

واعٍ، غالبًا، وواعٍ، نادرًا.

5- وتذهبُ مدرسةُ عِلم النفسِ الاجتماعيِّ إلى أنَّ التربيةَ عمليَّةُ "تطبيعٍ اجتماعيٍّ" socialization، أي عمليَّةُ تعليمِ الفَرد كيف يتكيَّفُ وَفْقَ جماعتهِ عن طريق اكتسابِ السلوكِ الاجتماعيِّ الذي يُرضي الجماعة. ويَرى أصحابُ هذه النظريَّة أنَّ جميعَ الأطفالِ العاديِّين تقريبًا يُشاركون في التفاعُلِ الاجتماعيِّ ويكتسبونَ النمطَ العامَّ للسلوكِ الاجتماعيّ.

وهناك مذاهبُ ومدارسُ أُخرى تتناولُ مفهومَ التربيةِ لا مَجال للخَوضِ فيها، خصوصًا أنَّ جميعَ هذه النظريّاتِ تتَّفقُ، في نهايةِ المطاف تقريباً، على أنَّ التربيةَ عمليَّةٌ تهدفُ إلى تنشِئة الفَرد على سُنَّة مجتمعِه. علمًا أنَّ هذه النظريَّاتِ تَصِفُ، كما أَرى، واقعًا قائمًا بالفِعل. أي إنَّها تُنَـظِّـرُ وتُفسِّرُ ما هو حاصلٌ على أرضِ الواقع، وبالتالي فهي لا تُعبِّرُ عن الوسيلةِ المُثلى لتربية الناشِئة. وبعبارةٍ أُخرى، فإنَّها تَصبُّ، أخيرًا، في هدفٍ واحد، ألا وهو السَعيُ لتطبيعِ أو تطويعِ "العَقل الفاعِل" للناشِئ، لقواعدِ "العَقل المجتمعيِّ" ومُسلَّماتِه، بتحويلهِ إلى "عَقلٍ مُنفعِل"، بتعبيرنا. كما سنفصِّلُ ذلك ونحلِّله فيما بعد.

ويَرى المُربِّي محمَّد جواد رِضا أنَّ جميعَ هذه النظريَّاتِ تلتقي في نقاطِ اتِّفاقٍ أساسيَّةٍ؛ من أهمِّها: "الحرصُ الشديدُ لدى الجماعة البشريَّةِ في الوجهةِ التي ارتَضت والتزمَت، والتأكُّد من سلامةِ تلك المَسيرة، سواءٌ كانت المجتمعاتُ متطوِّرةً أو مُتخلِّفة، دينيَّةً أو عَلمانيَّة، ثوريَّةً أو غيرَ ثوريَّة، فإنَّها تُجاهدُ من أجلِ شيءٍ

واحدٍ من حيثُ الجوهر: تخليد ذاتِها واستمراريَّتها."[83]

ولكنَّه يُضيف، من جانبٍ آخَر، أنَّها تُعبِّرُ عن "حِرص الجماعةِ على تجنُّب أفرادِها الجُددِ عقابيلَ الارتطام المدمِّر بالأوضاعِ الاجتماعيَّة القائمة." ويستطردُ قائلاً: "سواءٌ كان المجتمعُ يستعملُ التربيةَ استعمالاً قهريًّا أو توفيقيًّا أو انسجاميًّا، وسواءٌ كانت الغايةُ الاجتماعيَّةُ العُليا من التربيةِ هي الدمجَ الثقافيَّ أو التطبيعَ الاجتماعيّ، فإنَّ كلَّ هذه الروافِد تَصبُّ في نهرٍ واحدٍ هو نهرُ الحمايةِ غيرِ الواعيةِ للفردِ الجديد، حمايتِهِ ضدَّ إمكاناتِ تدمير نفسِه بالارتطامِ بصخرةِ الوضعِ القائِم التي توفِّر للمتفيِّئين بها أمنًا نفسيًّا هُم أحرصُ ما يكونونَ عليه."[84]

ولنا تحفُّظٌ على هذا القَول لأنَّ من المُمكِنِ تفسيرَه باعتباره يُشكِّل دعوةً لإبقاءِ القديم على قِدَمِه، بُغيةَ "حمايةِ الناشئِ من تدميرِ نفسِه بالارتطامِ بصخرةِ الوَضع القائم. وهذا يَعني تطبيعَه وتكييفَه لموجِباتِ "العقل المجتمعيّ"، مهما كانت. لذلك نُرجئُ البحثَ في هذه النقطةِ—التي نرى أنَّها تتعلَّقُ بالبحثِ عن الخطِّ الرفيعِ الفاصل بين التَقليد والتَجديد أو بين الاتِّباعِ والإبداع—حتَّى نهايةِ هذا الفصل.

وفي ما يلي نعرضُ رأيًا ثوريًّا مُختلفًا، إلى حدٍّ كبير، عن جميع النظريَّات السابقة، يطرحهُ الفيلسوف المعروف برتراندْ رَسْل:

---

83 المصدر السابق، (ص30)

84 المصدر السابق نفسه.

6- نظريَّة برتراند رَسْل Bertrand Russell

يَرى هذا الفيلسوف أنَّ المناهجَ التربويَّة المتَّبعة في جميع المجتمعاتِ البشريَّة تمثِّلُ مؤامرةً كُبرى على حُريَّة الفَرد. فمنذُ ولادتِه يخضعُ الطفلُ لثقافةِ المجتمعِ الذي وُلِدَ فيه. لذلك يُلقِّنهُ الكبارُ من أُسرتِه ماذا يجبُ أن يَعتقدَ وكيف يسلُك، بغضِّ النظر عن سلامةِ تلك العقائدِ أو صوابِ ذلك السلوك. فالمهمُّ أن تَسريَ تلك العقائدُ والسلوكيَّاتُ على جميع أفرادِ المجتمع (لتُصبحَ جزءًا من العَقلِ المجتمعيِّ بتعبيرنا). لذلك يتحتَّم على الناشئ أن يَتَقولبَ مع غيرهِ من أفرادِ المجتمع وإلاَّ يُعتبرُ شاذًّا ويتعرَّضُ للسُخرية. أمَّا إذا كان الطفلُ وديعًا يُنفِّذُ ما يُؤمَرُ به، فإنَّه يستحقُّ الإعجابَ والتقدير.

ويقول رَسْل إنَّ واجبَ التربيةِ والمُربِّي (يقصدُ واجبَه، في الواقع الراهن، الذي يفرضُه عليه "العقلُ المجتمعيّ" بمفهومِنا) سواءٌ كان الأبَ أو المعلِّم، هو تقليمُ شذوذِ الناشئ وتشذيبُ مَنْحاه. فعمليَّةُ التربية هي في صَميمِها استغلالٌ لهذه الطفولةِ العاجزةِ حتَّى عن وقايةِ نفسها. ويَرى رَسْل أنَّ هذه العمليَّةَ تجري لمصلحةِ الدولةِ والكنيسة، أي الحكومةِ ورجالِ الدِّين. فمن مصلحةِ الدولة إنشاءُ مُواطنين صالحين. والمواطنُ الصالح هو الذي لا يعترفُ لنفسِه بوجودٍ إلاَّ بالقياس إلى قيام تلك الدولة؛ أي أنَّ وجودَه يعتمدُ على وجودِ هذه الدولة. فإذا أصابَ الدولةَ خطرٌ، وجبَ عليه أن يُضحِّي بنفسِه في سبيلها.

وعلى صعيد الدِّين، يرى رَسْل أنَّ المربِّين يتوخَّون إنشاءَ

الفَرد على الرِّضا بما قسمَ الله له في هذه الحياةِ الدُنيا دونما تذمُّرٍ أو تمرُّد، فلا يَنشأُ ثائرًا على الدِّين والمجتمع. ويقول: "من الواضح أنَّ الذين يقبلونَ التعاليمَ المسيحيَّة قبولاً حقيقيًّا عميقًا ينـزعون إلى التَقليلِ من خُطورةِ طائفةٍ من الشرور كالفقرِ والمرَض، باعتبار هذه الشرور من شؤونِ الدُنيا."[85] ويُصادفُ مذهبٌ كهذا هوًى في نُفوسِ الأغنياءِ ورجالِ الحُكم؛ أي إنَّ هؤلاء يقومونَ بالتعاوُن مع رجال الدِّين لإقناع العامَّة بأنَّ الأهمَّ هو الحياةُ الآخرة التي يُثابُ فيها الإنسانُ على قَدْرِ عذابِه في هذه الدُنيا الفانية (وأُضيفُ أنَّ هذا ما حصلَ بالضبْط في المجتمعِ العربيِّ الإسلاميّ، حيثُ قام بعضُ رجال الدِّين بتعليلِ الفُقراء بالآخِرة، تبريرًا لظُلم الحاكِم واستبدادِه، وقالوا "مَن اشتدَّت وطأتُه وجبَت طاعتُه").

ويرى رَسل أنَّ مُعظمَ قادةِ الحُكمِ يكونون، في الظاهرِ، من المتديِّنين الذين يُباركون هذه الآراءَ التي تُعفيهم من إصلاحِ أحوال هذه الشَرائح المحرومة. فرجالَ الحُكمِ هؤلاء، لا يؤمنون بالدِّين فعلاً، بل هُم في الغالبِ من أدعياءِ التمسُّك بالدِّين، الذي يُعطيهم الحقَّ الإلهيَّ في حُكم الرعيَّة. وبذلك يتمتَّعون بأطايبِ العَيش على حسابِ عامَّة الشعبِ البائِس.

(وأقول معقبا: أن التاريخُ يشهد أنَّ هذا ما حدَث بالنسبةِ لجميع الخلفاءِ المُسلمين بعد الخلافة الرَاشدة، باستثناءِ عُمَر بن عبد العزيز الذي لم تتجاوزْ خلافتُه سنتَين وبضعَةَ أشهر، ويُقال إنَّه

---

85 مصطفى غالب: "برتراند رَسْل" (بيروت: دار مكتبة الهلال، 1979)، ص 121.

ماتَ مَسمومًا).[86]

ويرى رَسْل أنَّ رجالَ الحُكم يُبرِّرون غِنى صنائِعهم وزبانيتِهم من الأغنياء على حسابِ بؤْسِ الأشقياء بأنَّهم غَيريُّون، لأنَّهم يأذنون لغيرِهم في أن يَحتكروا عذابَ الدُنيا، وهو عذابٌ قصيرُ الأَمَد موفورُ الربح في الآخرةِ المضمونَة؛ أي إنَّهم يُضحُّون بنصيبِهم في الآخِرة لمصلحةِ الفُقراء والمساكين. ويَا لها من تضحيةٍ عظيمة!

ويضيف رَسْل أنَّ التربيةَ تطرحُ نفسَ المشكلة الرئيسة الموجودةِ في السياسةِ والأخلاق. وهي المشكلةُ التي تتعلَّقُ بأوجُهِ العلاقةِ بين الفَردِ والمجتمع.

تعقيب

وعلى الرُغم من تعدُّدِ المدارسِ التربويَّة، فيمكنُ أن تَندرَجَ جميعًا في مَدرستَين رئيستَين: إحداهما تُحاول أن تُوفِّقَ بين الطِفل وبيئته، والثانية تَنحو إلى تَنميةِ نفْسِ الطفل واستِعداداته الطبيعيَّة. فأصحابُ المدرسةِ الأُولى يَطلبون من المربِّين تكييفَ الناشئ لينسجمَ مع مجتمعِه. فنظرًا لعدَمِ إمكان تغيير أوضاعِ المجتمع لتنسجِمَ مع طبائع الطِفل، فمنَ المنطقيِّ تهذيبُ طبائعِ الطِفل وتغييرُها لتنسجمَ مع أوضاعِ المجتمع. بينما يهدفُ أصحابُ

---

86 (انظر فرج فودة، الحقيقة الغائبة)

المدرسة الثانيةِ إلى العنايةِ بالطِفل نفسِه لتنموَ طبيعتُه بصَرف النظَر عن مُلاءمةِ تلك الطبيعةِ مع ثقافةِ المجتمع. وموضعُ الخلافِ بين النظريَّتين يكمُن في التساؤل: "هل نُربِّي الطِفلَ ليكونَ مُواطنًا صالحًا فقط، أم نُربِّيه ليُصبحَ فرداً مستقلاً؟ وبالتالي، فالمدرسةُ الأولى تَرى أنَّ من مَصلحة الجماعة أن تَحدَّ من فرديَّة الطِفل، باعتباره عُضوًا فعّالاً في المجتمع، بهدفِ أن يُصبحَ مُواطنًا صالحًا. أمَّا المدرسةُ الثانيةُ فتَرى أنَّه من أَجل نُموّ فَرديَّة الناشئ نُموًّا يُحقِّقُ طبيعَتها بغير أن يُحدِّد مجرى نَمائِها، لا بُدَّ من رفْضِ مُختلفِ العوَامل الاجتماعيَّة. (أي رفض موجباتِ وإكراهاتِ العَقل المجتمعيِّ بمفهومنا.)[87]

أمَّا نحن فسنطرحُ السؤالَ بصيغٍ أُخرى ربَّما تكونُ أكثرَ واقعيَّةً وجَدْوى، فنقول: كيفَ يُمكنُ التوفيقُ بين هذه المناهجِ التَربويَّة المذكورةِ آنفًا، التي تتحدَّثُ عن الدَمج الثقافيِّ، أو التطبيع الاجتماعيِّ، أو الوفاقِ الاجتماعيّ، أو الاحتواءِ الاجتماعيّ، أو الذوبانِ الاجتماعيّ، سمِّهِ ما شئتَ، وبين تنميةِ قُدراتِ الفَردِ الإبداعيَّةِ وتحريرِها من عِقالها المشدودِ بـ"العَقل المجتمعيِّ" السائِد، بحبالٍ من فولاذ؟ أو كيف يمكنُ التوفيقُ بين أن يكونَ الناشئُ عُضوًا سَويًّا صالحًا ومنسجمًا مع مجتمعِه، من جِهة، وبين أن يكونَ عُضوًا مؤثِّرًا فيه، يَسعى لتطويرهِ وتقدُّمهِ وإصلاحِه، من جهة أُخرى؟ مع العِلم بأنَّ جميعَ المجتمعاتِ تظلُّ بحاجةٍ إلى الإصلاح والتطوير، بما فيها المجتمعاتُ المتقدِّمة،

87 مصطفى غالب: "برتراند رَسْل" (بيروت: دار مكتبة الهلال، 1979)، ص 122

فما بالُكَ بالمجتمعاتِ المتخلِّفة، بمقاييس العَصر الحاضر؟ وكيف يُمكننا الحفاظُ على هُويَّتنا وصيانةِ تُراثِنا في نَفس الوقتِ الذي نُحقِّقُ به حداثتَنا المتميِّزة؟ وهل يمكنُ التوفيقُ بين نُزوعِ المربِّين، بوجهٍ عامّ، ولاسيَّما في المجتمعاتِ التقليديَّة، إلى تنشِئة الأولادِ على سُنَّةِ آبائِهم وأجدادِهم، وبين إقناعِهم على تشجيع الناشئ على الحفاظِ على شخصيَّتِهِ المتميِّزة، وحُرِّيته في التفكير والإبداع، وبالتالي تطوير "الذات المتقحِّمة" تحقيقًا لتطوير مجتمعِهِ التقليديّ؟ أظن أن هذا السؤال يظل مطروحاً على المربين العرب لمعالجته والبت فيه.

نظريَّاتُ التَربية ونظريَّتا "العَقل المجتمعيّ" و"العَقل الفاعل والعَقل المنفعل"

نَرى أنَّ هذه النظريَّات، المتعلِّقة بوظيفةِ التَربية، التي تَدعو إلى مُختلف أشكال "التطبيع الاجتماعيِّ" وغيرها من التعابير المترادفةِ أو المتقاربة (الوفاقِ الاجتماعيّ، أو الاحتواءِ الاجتماعيّ، أو الذوبانِ الاجتماعيّ) تدعمُ نظريَّة العَقل المجتمعيّ، التي شرحناها بالتفصيل في كتبنا الثلاثة السابقة. فكلُّها تَعني، في نهاية المطاف، وفي صيَغها المختلفة، المُباشرة أو غير المباشرة، أنَّ التَربية، في أيِّ مُجتمع، هي عمليَّةٌ من شأنها تكييفُ الناشئ ليكون عُضوًا مُنسجمًا مع مُجتمعه. وبعبارةٍ أُخرى، يَنبغي أن يُدَجَّنَ عقلُه ويُحَـيَّـنَ أو يكيَّف ليُصبح خاضعًا، بشكلٍ أو آخَر، لموجِبات أو مُسلَّماتِ "العَقل المجتمعيّ" السائدِ

في الوحدِة المجتمعيَّة التي يعيش فيها. وهذا ما لا ينسجم تماماً مع نظرية إنشاء وحفز العقل الفاعل.

فالإنسانُ يُولَد بـ"عقلٍ فاعلٍ" أصلاً، يَتوقُ إلى المعرفة ويَعشقُ الاستكشاف. فالطفلُ يطيرُ فرحًا باكتشافِ عُلبةٍ متهرية مهملة تحت السرير، فيحاول أن يكتشف ما بداخلها من أزرار وخيوط أو أشياء صغيرة. وقالت لي والدتي أنني كنت في طفولتي المبكرة أفتح أو أُحطم أي لعبة متحركة. وتضيف ربما لتكتشف ما في داخلها، أو كيف تعمل.

والطفل يتطلع لمعرفة كل شيء عندما ينمو دماغه بسرعة. وتقول بعض المراجع البيولوجية أن الطفل يولد بدماغ يحتوي على 100 مليار خلية (نيرونات). وخلال السنة الأولى، تتشابك تلك الخلايا العصبية مع بعضها البعض، مما يخلق تريولونات من نقاط الاتصال العصبي، التي تشكل أساس فهم الطفل للعالم من حوله. وبعد 12 شهراً فقط، يتضاعف دماغ الطفل.

وهكذا يبدأ الطفل منذ السنوات الأولى بطرح الأسئلة، بقصد المعرفة واستكشاف العالم الحافل بالألغاز. وبعض هذه الأسئلة قد تكون محرجة أو مزعجة بالنسبة للمربين الذين قد لا يعرفون، هم أنفسهم، الإجابة عنها، فيحاولون تحاشيها، أو التهرب منها، الأمر الذي يزيد في فضوله أحياناً، فإما أن يصرف النظر عنها مؤقتاً، أو يبحث عن أجوبتها لدى أقرانه. فتكون الأجوبة خاطئة أو غير دقيقة.

ولكن قد يُردع الطفل أحياناً أو يعاقب على رحلته الاستكشافية الناجحة، ولاسيما حين يحاول أن يستكشف أعضاء جسده

وخصوصاً التناسلية، التي تتميز بالحساسية أكثر من غيرها من الأعضاء. ومن مجموع هذه المحاولات الناجحة أو الفاشلة، العفوية أو الموجهَة، فضلاً عما يتعلمه الناشئ من أسرته وأقرانه ومدرسته، يتكوّن أو يَتَخَلّقُ عقل الإنسان تدريجيا.

إذاً، يتحول ذلك العَقل المتطلع الفاعل تدريجيًّا إلى "عقلٍ مُنفعل"، عن طريق الآخَرين: المجتمعِ ككلّ (أو العقل المجتمعيّ)، وما يفرضه عليه من قواعدَ ومَوانع ونواهٍ وقيودٍ تتسلَّلُ إلى "عقلِه الفاعل" المتفتح تحاول سدّه، أو تسعى إلى تحويله إلى "عقلٍ مُنفعل".

وهكذا يكتبُ المربُّون، سواءٌ كانوا آباءً أو معلِّمين، في صفحةِ عَقل الطِفل أو الناشئ، ما يُمليهِ عليهم عقلُهم همّ (أي عقلُ المربِّين) المُنفعِل والخاضِع للعَقل المجتمعيّ السائد؛ أي إنَّهم ينقلون إليه قيَمهم، الخاصة بهم، التي تمثِّل قِيَمَ مجتمعِهم ومفاهيمَه ومُعتقداتِه ومُسلَّماتِه، إذا اتَّبعها يكون عُضوًا مُنسجمًا صالحًا في مُجتمعِه، وإذا خالَفها سيتعرَّض لعقوبةٍ إمَّا مُباشَرة من جانبِ هؤلاء المربِّين، أو من جانب المجتمع نفسِه، الذي سيرفُضه أعضاؤُه أو سيسخرون منه على الأقلّ. لذلك ثار برتراند رَسْل على هذا الأُسلوبِ في التربيةِ واعتبره "مؤامرة كُبرى" على حُرّية الأفراد.

وهنا يمكن القولُ إنَّنا جميعًا سُجناءُ في سِجنِ العَقل المجتمعيّ الضيِّق أو الرَّحب حسبَ الأحوالِ والظروفِ التي تُحيقُ بالمجتمع الذي نعيشُ فيه. وهذه مسألةٌ فصَّلناها سابقًا، ولاسيما في كتاب "أزمة التطور الحضاري في الوطن العربي بين العقل الفاعل

والعقل المنفعل" (وخصوصاً في الفصل الثالث: "تحرير العقل العربي لتحرير الإنسان العربي").

وبالإضافةِ إلى ذلك، فالسؤالُ الكبيرُ الذي يمكنُ أن نطرحَه بشأن نظريَّات وظائفِ التربية هذه هو: هل هذه النظريَّاتُ المتعلّقة بوظائفِ التَربية تصلُح للتطبيق على جميع المجتمعات، بما فيها المجتمعاتُ المتخلِّفة، أو النامِية من أمثال مجتمعاتِنا العربيَّةِ والإسلاميَّة؟

لنُحاوِل الإجابةَ عن ذلك في ضوء نظريَّةِ "العقل المجتمعيّ":

1- إنَّ العقلَ المجتمعيَّ يتطوَّرُ ويتغيَّرُ بتطوُّر الوحدةِ المجتمعيَّة؛ بل يحدثُ في الواقع تفاعلٌ جدليٌّ (ديالكتيكيّ) بين العَقل المجتمعيِ والتطوُّرِ الحضاريّ للمجتمع، بمعنى أنَّ أَحدَهما يؤثِّرُ بالآخرِ ويتأثَّر به فيُغيِّرُه. فكلَّما ارتفعَ المجتمعُ في سلَّمِ الرُقيِّ المعنويِّ والمادِّيِّ أو الفكريِّ والعمليّ، تغيَّر العَقلُ المجتمعيُّ وتكيَّف تَبعًا لذلك. ويحدثُ ذلك إذا تهيَّأ لذلك المجتمع (أو الوحدة المجتمعيَّة) رُوَّادٌ يكسِرون قيودَ وحدودَ ذلك العَقل المجتمعيّ. وقد حدثَ ذلك مثلاً خلال النهضةِ العربيَّةِ الإسلاميَّةِ عند ظهور الإسلام على يَدِ الرسول محمَّد (ص). كما حدثَ خلال النهضةِ الأوربيَّة الحديثة، حيثُ ظهرت عقولٌ جبَّارة، تحدَّت "العَقل المجتمعيّ" السائد، ابتداءً من كوبرنيكس وغاليلي وديكارت وكانط وفرنسيس بيكون إلى داروِن وآينشتين، وكثيرين غيرهم، الأمرُ الذي أدَّى إلى تفجُّر الثورات الصاخبة (الأمريكيَّة والفرنسيَّة والروسيَّة)، والصامتة (الصناعيَّة السابقة، والعلميَّةِ والتكنولوجيَّة والمعلوماتيَّة الراهنة). لذلك فإنَّ تكييفَ

عَقل الناشئ في هذه المجتمعاتِ المتقدِّمة، لقيَمِها الحضاريَّة المتطوِّرة، قد يكون له ما يُبرِّرُه، خصوصًا إذا كانت هذه القِيَمُ نفسُها تتضمَّنُ الإيمانَ بحقوقِ الإنسانِ وبحُرِّية الفِكرِ والنَقدِ والتعبيرِ؛ أي إنَّ "العقلَ المجتمعيَّ" السائدَ نفسَه يَنطوي على مُرونةٍ كافية، إلى حدٍّ يُشجِّعُ الناشئَ على التطلُّعِ نحو الاكتشافِ والتطوير.

وهذا لا يَعني أنَّ المجتمعَ المتقدِّمَ حضاريًّا لا ينطوي على عناصرَ سلبيَّة. فإنَّنا نأخذُ عليه مآخذَ مُتعدِّدة. فقد أشارت خطَّةُ إستراتيجيَّةِ التربيةِ الأمريكيَّةِ لعام 2000، مثلاً، إلى ما يلي: "مهما يكُن التزامُنا بمسؤوليَّةِ العملِ التربويِّ وتكريس الجهودِ له، فسيظلُّ تحقيقُ الأهدافِ والغاياتِ الكُبرى متوقِّفًا على إحداثِ نهضةٍ حقيقيَّةٍ في القِيَمِ الأمريكيَّة. فنحن بحاجةٍ إلى قِيَمٍ تؤكِّدُ قوَّةَ الأسرةِ وتماسُكَ نسيجِها الاجتماعيِّ والنفسيِّ، ويشيعُ فيها تحمُّلُ الآباءِ لمسؤوليَّاتِهم، ونَرى تراحُم الجيران وتقارُبهم..."[3] في هذا المجال نُلاحظ أنَّ التربويِّين الأمريكيِّين لاحظوا أهميَّة القِيَمِ الأسريَّة والتماسُكِ الاجتماعيِّ في التربية، فضلاً عن الشروطِ المتعلِّقة بالحداثةِ. وهذه علامةٌ إيجابيَّةٌ تدلُّ على أهميَّة العنايةِ بالقِيَمِ الخُلقيَّة، التي يَفتقرُ إليها المجتمعُ الأمريكيُّ، باعتبارها جزءًا أساسيًّا في عمليَّةِ التَّربية.

أمَّا المجتمعُ العربيُّ فلا يفتقرُ إلى هذه القِيَمِ الخُلقيَّة التي يَدعو إليها المربُّون الأمريكيُّون، لاسيَّما القِيَمِ الأسريَّة والتماسُكِ الاجتماعيِّ. بل لعلَّ عقلَهُ المجتمعيَّ حافلٌ بها إلى الحدِّ الذي تَطغى فيه على جميعِ القِيَمِ العمليَّةِ والعقلانيَّةِ والحضاريَّةِ

الأُخرى. ومثالاً على ذلك، نُلاحظ أنَّ العلاقاتِ الأُسَريَّة والعشائريَّة تتمتَّع بمكانةٍ أساسيَّةٍ في المجتمعاتِ العربيَّة، خصوصًا الخليجيَّة. ونتيجةً لذلك أصبحَ اختيارُ الرجُل الصالح للمَنصبِ المناسِب يعتمدُ على أُسرَة الشخصِ وعشيرتِه، وليس على كفاءتهِ ومَقدرته. أي أصبح من واجب المسؤول أن يتعاون ويعتمد على الشخص الذي ينتمي إلى أسرته أو عشيرته، على أساس" الأقربون أولى بالمعروف". وهكذا أصبحنا نُضحِّي بتنميةِ بُلداننا ومستقبلها، في سبيل قِيَمنا الأُسريَّة. وهنا الطامَّةُ الكُبرى.

ومع ذلك فإنَّ الطابعَ العامَّ للحَضارة الراهنة يتميَّزُ بالحدَاثة. أقصد أننا كعرب أخذنا بوسائل التربية الحديثة بشكل تلقائي في مدارسنا وكلياتنا وجامعتنا، بل أصبحت جزءاً من ثقافتنا العامة التي لا يمكن تجاوزها، ولا تجاهلها. ولكن نلاحظ في نفس الوقت أن وسائلنا التربوية ماتزال بعيدة عن الالتزام بالوسائل التربوية الحداثية القائمة بوجه خاص على حرية الفكر والتعبير والتنظيم.

ويُصوِّرُ المفكر علي أسعد وطفة الحداثة "بعربةٍ حضاريَّةٍ يجرُّها حصانُ التغيير والإبداع، وتنطلقُ على عَجلاتِ الفردانيَّة والعَقلانيَّة والنزعةِ العلميَّةِ والقِيَم الديمقراطيَّة وحقوقِ الإنسان، باتِّجاه تحقيق الطموحاتِ الكُبرى في مَزيدٍ من الرفاهِ والسيطرةِ والتقدم". ويقول: "إنَّ التربية الحداثيَّة هي هذه التي تُنمِّي في الفَردِ عقليَّةً علميَّةً ديمقراطيَّةً تعتمدُ مبدأَ الابتكار والتجديد. إنَّها التربيةُ التي تُخاطبُ في الطِفل، العَقلَ لا الذاكرة، والنشاطَ لا الجمود، والحريَّةَ لا الإكراه، والغايةَ لا الوسيلة. وهي في النهايةِ

تُخاطبُ الإنسانَ في الطِفل وتَعملُ على إنماءِ حَواسِّه الإنسانيَّة. وتأخذُ هذه التربيةُ صورةَ نظامٍ يعملُ على انتزاعِ الفَرد من عالَمِه الضيِّق الذي تُحاصرُه الأوهامُ والخرافاتُ والقِيَمُ المُغرِقةُ في عالَمِ التقاليد. إنَّها التربيةُ هذه التي تُحرِّر الفَردَ من حِصار التصوُّراتِ التقليديَّة الضيِّقةِ لتضعَه في عالَمٍ ينضحُ بمختلفِ عطاءاتِ العقلانيَّة والتَصوُّرات العِلميَّة."[4] وهنا نُلاحظُ في كلامِه وصفًا بليغًا وواضحًا لمفهومنا لمُجتمع الحدَاثةِ الذي يتميَّزُ بـ"عَقل مجتمعيّ" مَرنٍ يستوعبُ أكثرَ القِيمِ تحرُّرًا. وبذلك يُترَكُ لـ"العقل الفاعل" حرِّيةُ الحركة والابتكار والإبداع، فينتصرُ على "العقل المنفعل"، الذي يلتزمُ بالتقليدِ والاتِّباع.

2- وعلى الرُغم من ذلك، فإنَّ هناك فلسفاتٍ مُعارضةً لنظريات الذين يقولون أن هدف التربية هو إنتاج مواطنين صالحين ينسجمون مع مجتمعهم. ومنها مثلاً، نظريَّةُ الفيلسوف برتراند رَسْل (المذكورةُ أعلاه)، وهو الذي يرفضَ تلك النظريَّات ويؤكِّد أهميَّةَ تحريرِ الناشئ من سَطوةِ المجتمع وعقائدِه وأعرافِه، أي تحريره من العَقلِ المجتمعيِّ السائد بتعبيرنا. وهذا يدلُّ على مُرونةِ العَقل المجتمعيِّ ورحابتهِ، في هذه المجتمعات المتقدمة، من حيثُ قبولُه لمثلِ هذه الآراءِ الثوريَّة.

أمَّا في مجتمعِنا العربيِّ الإسلاميّ، فلو فرَضنا جدلاً أنَّ أحدًا من العُقلاء "المجانين"، تجرَّأ وصرَّحَ بشيءٍ يُشبهُ ما قاله برتراند رَسْل، لقُضِيَ عليه إمَّا جسديًّا أو وظيفيًّا أو معنويًّا، أي لأصبحَ مصيرُه كمصيرِ الدكتور فرَج فَودة أو الشيخ علي عبد الرازق

أو الدكتور نصر حامد أبو زيد، في أفضل الاحتمالات.

3- أمَّا تطبيقُ هذه النظريَّات المتعلقة بإنشاء مواطنين صالحين ينسجمون مع مجتمعهم، على المجتمعِ العربيِّ الذي يتميَّزُ عقلُه المجتمعيُّ بكونِه يعودُ في تكوينِه إلى القرونِ الوُسطى، أي ما برحَ مُحافظاً على قِيَمِه وأعرافِه الموروثةِ منذُ أكثرَ من ألفِ عام، أقولُ في هذه الحالةِ سنُعيد إنتاجَ التخلُّفِ في أجيالنا القادمة. لذلك أرى أن نكسرَ هذه الحلقةَ من خلال استخدام "العقل الفاعل". وهذا ليس بالأمر الهيِّن، ومع ذلك ليس بمستحيل.

وأرجو ألا يُفهم من مُجمل كلامي أنني أدعو إلى تقليد الغرب والأخذ بمبادئ التربية لديه بدون تحفظ.

وأنطلق في التعبير عن رأيي المتواضع بهذا الشأن، مما يُنسب إلى الرسول(ص) قوله:" الحكمة ضالة المؤمن، أنى وجدها فهو أحق بها". ذلك لأنني رأيت بعد إمعان النظر في أهم الأسباب التي أدت إلى جميع هذه الكوارث والمشكلات التي تكاد تعصف بهذه الأمة العظيمة، فوجدت أنها تتركز في لعة التخلف الحضاري، وهو ما فصّلته في ثلاث مؤلفات (أشرت إليها سابقاً). فإذا أردنا أن نعالج هذا التخلف، أرى أن نعكف على إنشاء جيل يستطيع أن يعالجه بحصافة بغية إنقاذ هذه الأمة من هذه الغُمَّة. ولأجل تحقيق ذلك أرى أن نتوصل إلى معادلة تربوية صعبة، تتلخص في السؤال التالي: كيف نستطيع أن نُنشِأ جيلاً يتحلى بأهم خصائص الحداثة ومن أهمها حرية الفكر والفردانية

والعقلانية والديمقراطية،[88] والتشجيع على الإبداع والابتكار، دون أن يفقد أهم خصائص هويته العروبية/ الإسلامية، كثقافة وحضارة متميزة؟ إن الجواب عن هذا السؤال يجب أن يُحال إلى محفل فكري يجمع أكبرَ عدد من المفكرين والمربين والأكاديميين العرب والأجانب. وقد سبق وأن طرحنا مشروعاً لإقامة مؤسسة موسوعية في المهجر، قد تصلح لهذا الغرض بامتياز. ولدينا كثير من الكتابات بشأن هذا الموضوع وكتاب مخطوط.

---

[88] ـ انظر علي أسعد وطفة، معادلة التنوير في التربية العربية، ضمن كتاب "التربية والتنوير في تنمية المجتمع العربي"، بيروت: مركز دراسات الوحدة العربية، 2005، ص65.

الفصل السادس

آراء بعض المفكِّرين العرب في إشكاليَّة التربية والتعليم في الوطن العربيّ

"إنَّ هذا العالم الذي نعيش فيه هو عالمٌ جديدٌ تغيَّرت فيه وحدةُ المعرفة وطبيعةُ المجتمعات الإنسانيَّة والنظام الاجتماعيِّ ونظام التفكير، بل لقد تغيَّرت فيه فكرةُ المجتمع والثقافةِ نفسها، وإنَّ الإنسانيَّة لا تستطيعُ الرجوعَ إلى ما كانت عليه في الماضي، وإنَّ ما هو جديدٌ في العالم ليس جديدًا، بمعنى أنَّه لم يكُن موجودًا في السابق، وإنَّما هو جديدٌ لأنَّه تغيَّر نوعيًّا، وإنَّ ما هو جديدٌ في العالم هو الإحساسُ بالجِدَّة."

روبيرت أوبنهايمر

نعم، لا يمكن الرجوع إلى الماضي، بل إن التغيَّر أصاب جميع مناحي الحياة العامة والخاصة للناس.

والتغير ليس نوعياً فحسب، بل جذريا؛ يشمل أسلوب الحياة

والعلاقات بين البشر كمجتمعات، وبين البشر كأفراد، إضافة إلى العلاقات الوثيقة بين هؤلاء البشر والطبيعة. فقبل قرن من الزمان أو أكثر، لم يكن الناس يهتمون بأهمية عدم استنزاف الطبيعة. أما اليوم فيبدو أن معظم المتعلمين يفهمون هذا الواقع الراهن.

مقدمة

في إطار "أزمة التطوُّر الحضاريِّ في الوطن العربيّ" قطعنا أشواطًا بعيدةً في استقصاءِ أبعادِها، والتعمُّق في بحثِ جُذورها والإمعانِ في أصولها وفصولها، حتَّى توصَّلنا إلى أنَّ من أهمِّ أسباب ظهُور هذه الأزمة ثمَّ تفاقُمِها وتعقُّدِها في الوطن العربيِّ إشكاليَّةَ التربية والتعليم. وهكذا فإنَّ حلَّ هذه الإشكاليَّةِ قد يضعُنا في بداية الطريق المؤدِّي إلى حَلِّ أزمةِ التطوُّر الحضاريّ. وقد استقصَينا هذه الإشكاليَّة في خمسة فصول سابقة.

وسنحاولُ في هذا الفصل استعراضَ آراءِ أحدِ كبار المربِّين العَرب، وهو الأستاذ الدكتور محمَّد جواد رضا. وسيلاحظُ القارئ من هذا العَرض مَدى تلازُم إشكاليَّة التربيةِ والتعليم مع "أزمةِ التخلف الحضاريِّ في الوطن العربيّ"، التي تشكل

المحور الأساسي لكتاباتنا السابقة المذكورة أعلاه.

محمَّد جواد رضا

في مقدِّمة كتابهِ المتميَّز "العربُ والتربية والحضارة، الاختيارُ الصعب"، يُلخِّصُ المؤلِّف ملاحظتهُ المتعلِّقة بإشكاليَّة التربيةِ والتَعليم في الوطن العربيّ بالعبارة التالية: "نحنُ في دُروس الكيمياء والفيزياءِ والبيولوجيا والرياضيَّاتِ عِلميُّون ننهجُ نهجَ العِلم الطبيعيِّ في مُعالجة قضايا الكَون والإنسان. فإذا تحوَّلنا إلى دُروسِ اللغةِ والتاريخ والاجتماع، بدأْنا نتكلَّم بلسانٍ آخَر لا علاقةَ له بمنطق العِلم... لسانٍ يَطغى عليه الميلُ الواضح إلى تعجيزِ العقل وتَوهينِ المنطق العلميِّ وإرجاعِ أمُور الحياةِ والإنسان إلى الغَيب، وطبْعِ عقلِ الناشئة بالانبهارِ بظواهِر الطبيعةِ بدلاً من ربْطِ هذه الظواهِر بعِلَلِها الطبيعيَّةِ ونظامِ عملِها والسُّنَنِ الضابطةِ إيَّاها."[89]

وفي أثناء مُطالعاتي لأعمال محمَّد جواد رِضا خلال السَنوات الماضية، ارتأيت أن أُقدِّمَ للقارئ فكرةً مُوجزةً عنه، أو بالأحرى عن فِكرهِ وتطلُّعاته، باعتبارهِ يُمثِّل، في نظري، واحدًا من أهمِّ المعنيِّين بالشأن التَربويِّ في الوطن العربيِّ خلال العُقود الثلاثةِ الماضية.

---

[89] -1 محمَّد جواد رضا: "العرب والتربية والحضارة، الاختيار الصعب" (بيروت: مركز دراسات الوحدة العربيَّة، ط 3، 1993)، ص9.

والدكتور رضا أستاذٌ جامعيٌ ومُربٍّ عربيٌّ من العراق، تركَ بلدَه قبلَ أكثرَ من ثلاثةِ عقودٍ وانخرط في بحثِ وتَدريس مادَّة التربيةِ في جامعات السعوديَّة والكوَيت وأصبحَ عميدًا لكليَّةِ الآداب والتربيةِ في الأخيرة. ثمَّ غادرَها، بعد الغَزو العراقيِّ في عام 1990، إلى الولاياتِ المتَّحدةِ حيثُ تفرَّغَ للبحثِ والتأليف، وعادَ بعدَها ليُشاركَ بتأسيس جامعة "آل البيت" في الأردنّ (1994)، ثمَّ أصبح عميدًا في جامعةِ عمَّان الأهليَّة في عام 1998. البحرين هي المحطة الخامسة من مسيرته المهنية، عمل أستاذا في جامعتها من 2000 -2003، ثم مستشارا في مركز البحرين للدراسات والبحوث من 2003 - 2005 وخلالها مُنح جائزة المنظمة العربية للتربية والثقافة والعلوم التقديرية لعام 2000 في القاهرة تكريما لإسهاماته وخدماته من اجل النهوض بمستقبل العالم العربي.

يقول عنه زميله د. أ. سيار الجميل: إنه "...مثقَّفٌ عالي المستوَى، له تميُّزهُ وخبراتُه وقراءاتُه وعُمقُ تفكيره. والأدقُّ في الوَصف: شفافيَّتهُ وقوَّةُ حُجَّتِهِ ومنطقه... أكاديميٌّ مُتمِّرسٌ، له خبراتهُ مُنذ سنواتٍ طِوالٍ في فلسفةِ التربية المُعاصِرَة، وله باعُه المؤثِّرُ في تقديم خبراتٍ واقتراحاتٍ واستشارات... عربيٌّ النَزعةِ والهوَى، له مواقفهُ السياسيَّة القوميَّة التي دفعَ ثمنَ تمسُّكِهِ بها غاليًا.." [90]

---

[90] صحيفة "الزمان" البغداديَّة، في 20 / 12 /2004. ويمضي زميلُه الجميل قائلاً: "رجلٌ يحترمُ الزَمنِ احترامًا بالغًا، كثيرُ القراءاتِ ويَعتني جدًّا بطلَبتهِ وبمحاضراتهِ التي تُعَدُّ غنيَّةً جدًّا... له تفكيره الحديثُ ورؤيتهُ المعاصرةُ للأشياءِ والتاريخ والواقع. وهو يستهجِنُ التخلُّف والتبعيَّة والتقاليدَ والأعرافَ البليدة.

وتأكيداً لذلك أرى على العُموم، أن هذا المُفكِّر سعى لقلبِ نُظُمِ التربيةِ والتعليم المطبَّقةِ في الوطن العربيّ، من كَونها تعتمدُ على الذاكرةِ والحفظِ تحضيرًا للامتحان، الذي يعتمدُ على مَدى حفظِ الطالب للمَوادِّ التي تلقَّاها من المعلِّم، إلى تحويلِها عمليَّةَ تَواصُلٍ وحوارٍ وتبادُلِ رأيٍ ومَعارف وبحثٍ مُستمرّ. وقصْدُه الأخيرُ من ذلك تأسيسُ عَقل الطالبِ على حريَّةِ التفكير والإبداع بعيدًا عن التقليدِ والاتِّباع.

ولهذه الأسباب، التي تتَّفقُ مع ما كوَّنتُه من رأي فيه، يمكُنني أن أعتبرَ محمَّد جواد رضا مثالاً نموذجيًّا لشخصٍ عربيٍّ مُتخصِّصٍ ومثقَّفٍ (فليس كلُّ متخصِّصٍ مُثقَّفًا ولا كلُّ مُثقَّفٍ مُتخصِّصًا)، يتحلَّى بـ"عقلٍ فاعلٍ"، أي ناقدٍ لـ"العقل المجتمعيّ" السائِد، لاسيَّما في مجالاتِ التربيةِ والتَعليم.

أزمةُ التربية في الوطن العربيّ

يقولُ جواد رضا: "إنَّ حُلولَ أيَّةِ أزمةٍ قوميَّةٍ لابُدَّ من أن تُستخلَص من طبيعةِ تلك الأزمة ذاتِها. وإذا كانت المعضلةُ الأولى في أزمتِنا التربويَّةِ هي العُزلة الحضاريَّة، فإنَّ المنطَلَقَ

اكتشفتُ في هذا الرجُل عالَمًا رائعًا من الخبراتِ والأفكار... لقد نجح محمَّد جواد رضا في أن يجعلَ من طلَبتهِ عقولاً للتفكير لا مَوادَّ لتَمرير المعلومات... وأعترفُ أنا نفسي بأنَّني تعلَّمتُ من هذا الزَميل الأقدَم منهجًا تربويًّا جديدًا في عَدم جعل الطلَبة حقلَ تجاربَ لنُظمٍ ونُصوصٍ وأفكارٍ وخطاباتٍ ومعلومات... تفعلُ بهم ما تَشاء. ويمضي الزمنُ وكأنَّهم أخشابٌ مسَّندة، لا يَعرفون ولا يُميِّزون ولا يُحلِّلون ولا يُشخِّصون ولا يُقيِّمون ولا يتكلَّمون... نعم ، إنَّها الطريقةُ العربيَّةُ المعروفةُ والمنتشرة."

الطبيعيَّ إلى تجاوُز الأزمةِ يكمُن في التِماس الوسيلةِ للانتسابِ إلى حضارةِ العَصر الذي نُعايشُه، ويجبُ أن نَحيا فيه؛ وهذا، ولا رَيب، يقتضينا قدْرًا من الشهامةِ والشجاعةِ مع النفس."[91]

أستأذن القارئ الكريم أن أُعَلِّقَ على هذه العبارة العميقة، قبل أن أعود إلى استعراض آراء المفكر جواد رضا، فأقول: إن الكاتب يؤكد نظريتي في أن مشكلتنا الأساسية تتركز في أزمة التطور الحضاري، التي عبّر عنها بقوله إننا يجب أن نتلمس "الوسيلة للانتساب إلى حضارة العصر". وهذا بالضبط ما أدعو إليه. ولا يعني هذا أن نأخذها بكل ما فيها، بل يجب التركيز على العلم والتكنولوجيا والفكر الحر والديمقراطية في الحكم، وفي التعامل مع الآخرين، فضلاً عن التنظيم والإدارة. كل ذلك مع حفاظنا على هويتنا المتميزة وثقافتنا الخاصة.

* * *

نعود إلى استعراض آراء المفكر جواد رضا فنقول: حاولَ الكاتبُ، في بحثِهِ الفِكرَ التربويَّ العربيَّ الإسلاميّ، أن يضعَ هذا الفِكرَ في سياقِ الفِكر التربويِّ الإنسانيِّ على نحوٍ أظهرَ دورَه الإيجابيَّ في ذلك الفِكر. واعتبرَ عَصرَ المأمون (الفترةَ الخصبةَ المُمتدَّة من السنة 198هـ /813م، تاريخِ تسلُّمِ المأمون الخلافة إلى تولِّي القادرِ بالله الخلافةَ سنة 381 هـ /991م) نقطةَ تحوُّلٍ وانطلاقٍ حاسمةً في الحضارة العربيَّة الإسلاميَّة، أدَّتْ إلى ازدهارِ الحركةِ العقلانيَّة، فأنتجتْ أعلامًا من أمثال الفارابي

91 محمَّد جواد رضا: "العرب والتربية والحضارة، الاختيار الصعب" (مصدر سابق)، ص 215.

وابن سينا والجاحظ والبيروني وإخوان الصفا وكثيرين غيرِهم.

وكان الرضا قد بحثَ ذلك الفِكر، في الفصلِ الثالثِ من كتابِه الأهمّ "العرَب والتربية والحضارة"، على نحوٍ تاريخيٍّ تحليليٍّ مُوثَّقٍ ومُوفَّق.

وسنُحاول أن نُشيرَ إشاراتٍ عابرةً إلى بعض النقاط الرئيسيَّة في ذلك الفَصل، لاسيَّما أنَّنا، في بحثنا التربيةَ والتعليمَ في الحضارة العربيَّة الإسلاميَّة، كُنَّا قد استندنا كثيرًا إلى ذلك الفَصل.

أشار المؤلِّفُ إلى أنَّ الإسلامَ حاولَ أن يُحدِثَ ثلاثةَ انقلاباتٍ جوهريَّةً في الحياة العربيَّة:

1-نبذُ الجاهليَّة، والتحوُّلُ بالمجتمع إلى وضعٍ مُتحضِّرٍ مسؤول.

2-إعادةُ تشكيلِ الفِكر السياسيِّ العربيِّ، والتحوُّلُ به من حُكم الفَرد أو العائلة أو الصفوةِ إلى حُكم المؤسَّسات الاجتماعيَّة الممثِّلةِ للإرادة العامَّة.

3-اشتراعُ العَقلانيَّة نقيضًا لـ"الظنِّ" في فَهْم علاقة الإنسانِ بالكَون والمجتمع.

لكنَّه يُعربُ عن خَيبةِ أَمله، لأنَّ هذه المبادئَ لم تُعْطِ أُكُلها، إذْ "كان يُفترَضُ أن تَستكملَ هذه الثورةُ الجديدةُ ذاتَها ويبلغَ فعلُها مَداهُ لِتتحوَّلَ إلى ثقافةٍ مُبدعةٍ لأُمَّةٍ جديدةٍ أو مُتجدِّدة، غير أنَّ هذا

لم يتحقَّق."

ويَرى "أنَّ الثورةَ ونقائِضَها تَعايَشا في علاقةٍ مُتنافيةٍ مُتَضادَّةٍ ناقصةٍ مُبرمة، لم تُجهضِ الثورة تمامًا، لكنَّها أحبطتْ فِعلها في أكثرِ من اتِّجاه."

ويضيف: وهكذا **"كُتِبَ على المجتمع العربيِّ أن يُحرَمَ من الولادةِ الجديدةِ الكاملِة، وأن يتذَبذبَ بين الثورةِ وما جاءتْ لنقضِه، بين الإسلام والجاهليَّة."**[92]

وأرى أن هذا توصيف واقعي ناجح، بل أنه مُعَبِر بدقة عن المراحل التي مرت على الإسلام. ولكنه استخدم فعل "كُتِبَ"؛ وكأن ما حدث من تحريف وتشويه للثورة الإسلامية، كان "قدراً مكتوباً".

والواقع ليس كذلك، لأننا نعتقد أن مَسيرة أي مجتمع وصيرورته تعودان إلى أسباب معينة، نجهلها أحياناً فنعيدها إلى القضاء والقدر. ونرى أن سبب عدم الالتزام بالمبادئ الإسلامية الثورية الجديدة يعود إلى أنها لم تتمكن من تغيير العقل المجتمعي بين ليلة وضحاها، لاسيما لأن مبادئ العقل المجتمعي الجاهلي كانت ولا تزال إلى حدٍّ ما أقوى من الدين، وأقوى من القانون، بدليل أن الأخذ بالثأر و"الفصل" بين العشائر ما يزال قائما في بعض المناطق في البلدان العربية.

ويَرى جواد رضا، أنَّ الإسلام قد وقفَ موقفًا مُتشدِّدًا من الجاهليَّة، بل ربَّما اعتبَر العودةَ إليها نوعًا من الردَّة: ﴿أفحُكْمَ

---

[92] المصدر السابق، ص84

الجاهليَّةِ يَبغُون﴾ (سورة المائدة 50)، ﴿إذْ جعلَ الذينَ كفروا في قُلوبهم الحميَّةَ، حميَّةَ الجاهليَّةِ﴾ (الفتح، 26). ونُضيفُ إلى ذلك الحديثَ المرويَّ عن مُسلِم: **"من قاتَل تحت رايةِ عَمِيَّة، يغضبُ لعصبيَّةٍ أو يَدعو إلى عصبيَّةٍ فقُتِلَ، قُتِلَ قَتلةً جاهليَّة"** (العَمِيّة: الضلالة).

وكُنَّا قد أشرنا، في فصول سابقة، إلى أنَّنا نَعتبرُ الإسلامَ ثورةً على "العَقل المجتمعيِّ" الجاهليِّ المتخلِّف. ذلك لأنَّه انطلقَ من "عقلٍ فاعلٍ"، حمله الرسول محمد حتى قبل نزول الوحي. وجاء الإسلام بقيَمٍ جديدةٍ استهدَفتْ مَحْوَ مُعظمِ القِيَم الجاهليَّة الموروثة. فقد حاربَ الإسلامُ البَداوةَ التي تُعتَبَرُ مرحلةً بدائيَّةً ينبغي تجاوزُها إلى مرحلةِ الزراعةِ الأكثر تقدُّمًا، للوصول إلى مرحلةِ الصناعةِ فالحضارة.

وبعد أن يُشيرَ إلى عَصرِ المأمون، وما أفرزَه من حركةٍ فكريَّةٍ نتيجةَ اللقاء العظيم بين الإسلام والفلسفةِ اليونانيَّة، على حدِّ تعبيره، والتغيُّرات أو التطوُّراتِ العظيمةِ التي حدثَت منذُ القُرونِ الثمانيةِ التي تَلت سقوطَ بغداد، لاسيَّما في القَرن العشرين، يطرحُ الأستاذ رِضا على العَرب أسئلةً مُشابهةً لتلك التي واجهتهُم بها ظروفٌ مُماثلةٌ في القَرنين الثالث والرابع الهجريَّين، وَفقَ رأيه، ومنها: "هل يُريدون أن يَستلهموا منطقَ التاريخ في الصراعِ من أجل البقاء؟ هل يُريدون الانتسابَ إلى رُوح العَصر الذي يَعيشون فيه؟ هل يُريدون لمؤسَّساتهم التربويَّةِ والثقافيَّةِ أن تكونَ مَراكِبَ لحاقٍ بالتقدُّم الإنسانيِّ أم يُريدونَها سدًّا

من التلقينيَّةِ الكابحةِ عن مُواكبةِ العصر؟"⁹³

وفي مَعرضِ الإجابةِ عن هذه الأسئلةِ التي طَرحَها، يبدأ باستخلاصِ الدروسِ من مَسيرةِ الفِكرِ التربويِّ الإنسانيِّ العامّ، مثلما عَرضَها في النُّظم الحضاريَّةِ، وبالتالي التربويَّةِ الأربَعة، التي شَرحها في أكثر من مِئَتي صفحة: الإغريقيِّ، والعربيِّ الإسلاميِّ، والاشتراكيِّ، والرأسماليِّ.

ويَرى أنَّ عصرَ المأمون استطاع، نسبيًّا، تحقيقَ مبدأين اجتماعيَّين كانا سببَ ازدهارِه، على حدِّ قَولِه: مبدإ العقلانيَّةِ في فَهم الكَون والتعامُل معه وتقرير مَوقع الإنسان فيه، ومبدإ العَدل الاجتماعيِّ. ويُضيف قائلاً: "فلمَّا مَضى الزمنُ وأفَلَ نجمُ عصرِه ووقعَ العُدوانُ على هذَين المبدأين، كان ما نَعرفهُ جميعًا من سُقوطِ العربِ سياسيًّا وخروجِهم من مركز "الفِعل" في حركةِ التاريخ إلى 'مُحيطِ'... 'الانفعال' بمجراه."⁹⁴ وهنا نُلاحظُ بصماتٍ من بعض مفاهيمِ نظريةِ العَقل الفاعِلِ والعَقل المنفَعِل.

وتحفُّظنا الأهمُّ ينصبُّ على المبدإ الثاني: "العدلُ الاجتماعيُّ"، الذي نعتقدُ أنَّه لم يتحقَّق، خلالَ ذلك العَصر، حتَّى على نحوٍ نسبيٍّ كما يقول، شأنهُ شأنُ العُصور التاريخيَّةِ الأخرى. فقد ذكرتْ مُعظمُ الدراساتِ التاريخيَّةِ أنَّ المجتمع العربيَّ الإسلاميَّ كان يتكوَّن، في جميع مَراحلِه، من ثلاثِ طبقاتٍ رئيسَة: طبقةِ الخاصَّةِ وطبقةِ العامَّةِ وطبقةِ الرَّقيق.

---

93 المصدر السابق، ص 216
94 المصدر السابق، ص 216

والطبقةُ الأولى هي الوحيدةُ التي تتمتَّعُ بالامتيازاتِ والثروات.

وأُعيدُ إلى ذِهن القارئ التَصنيفَ الذي وضعَه أحدُ كُتَّاب ذلك العَصر للطبقاتِ المجتمعيَّة، الذي ذكرتُه في حلقةٍ سابقة، وهو النصُّ نفسهُ الذي ذَكرهُ الكَاتبُ ذاتُه في موضعٍ سابق. يُصنِّفُ ذلك الكاتبُ المجهولُ المجتمع إلى: "ملوكٍ قدَّمَهم الاستحقاق، ووُزراء الفطنةِ والرأي، وعِلِّيَّةٍ أنهضهم اليسَار، وأواسطَ ألحقَهم بهم التأدُّب، والناسُ بعدَهم زَبدٌ جفاءٌ وسَيلٌ غُثاء، لُكَع ولَكاع ورَبيطةُ اتِّضاع، هَمُّ أحدهم طُعْمَةٌ ونَوْمَة."[95]

وبعد أن يصفَ أحمد أمين حياةَ البَذْخِ واللهْوِ والطَربِ في العَصر العباسيّ حتَّى عصر المأمون، ويشيرُ إلى **الغِنَى الكبير الذي أصابتهُ المملكةُ في عَهد الرَشيد**، بوجهٍ خاصّ، إذْ بلغ سبعين مليونًا ومئةً وخمسين ألف دينار، تقريبًا، يقول "إنَّ أموالَ الدولةِ لم تكنْ موزَّعةً توزيعًا مُتقاربًا، ولا كانت الفرُوقُ بين الطبقاتِ فروقًا طفيفة، **إنَّما كان هناك هُوَّاتٌ سحيقةٌ بين الطبقَات، فكثيرٌ من مال الدَولةِ يُنفقُ على قُصورِ الخلافةِ والأُمراءِ ورؤَساءِ الأجناد، وعُمَّال الدَولة... وعامَّةُ الشَعبِ يَفشُو فيهم الفقرُ والبؤس."**[96] علمًا بأنَّ المؤلِّفَ الرضا نفسَه

---

[95] آدم متز: "الحضارة الإسلاميَّة في القرن الرابع الهجريّ"، ج 1، ترجمة محمَّد عبد الهادي أبو ريدة (القاهرة: مطبعة التأليف والترجمة والنشر، 1940-1941)، ص 1-2.

[96] أحمد أمين: "ضُحى الإسلام" (بيروت: دار الكتاب العربيّ، ط 10، بلا تاريخ ، ص 127).

يعترفُ بهذا التفاوُت.[97]

كذلك لدينا تحفُّظٌ آخرُ يتعلَّق بالعقلانيَّة التي يعتبرُها الكاتبُ من خَصائصِ عَصر المأمون الحضاريِّ النـزعَة. فالعقلانيَّةُ صِفةٌ نسبيَّةٌ لا يُمكن إطلاقُها دون تَحديدِ مَعناها ومَداها، وكلاهُما قد يختلفُ باختلافِ الزمان والمكان والظروف. أقولُ ذلك مع مُلاحظتي لتحفُّظَه بقولهِ "نسبيًّا"، إذْ كان عليه أن يوضِّح ويُحدِّدَ ما يَعنيه بـ"عقلانيَّةِ عَصر المأمون"، خصوصًا لأنَّه يُعلِّقُ عليها أهميَّةً كبيرةً لأنَّها أرسَت، مع "العدالة الاجتماعيَّة"، التي فنَّدناها، الحضارةَ العربيَّةَ الإسلاميَّة، كما يقول. ومن جهةٍ أُخرى، فالمأمونُ الذي أصبحَ مُعتزليًّا لم يكُن عقلانيًّا، بالمعنَى المعروفِ لدَينا على الأقلّ، من جهةِ مُحاولاتهِ للقضاءِ على المذهبِ المخالفِ له، لاسيَّما في مَسألة "خَلْق القرآن" المشهورة. ومعروفٌ أنَّه كتبَ لعاملهِ إسحق بن إبراهيم ليمتَحنَ القُضاةَ والمحدِّثين، واعتبرَ الذين يعتقدونَ بـ "قِدَمَ القرآن"، أي المُخالفين لرأيه "من حَشْوِ الرعيَّة، وسَفلَةِ العامَّة، وأهلِ جهالةٍ بالله وعَمًى عنه وضَلالةٍ عن حقيقةِ دينه..." على حدِّ قَولِ زكي نجيب محمود في كتابهِ "تجديد الفكر العربيّ".[98] وهكذا جيءَ بالشيخ الإمام أحمد بن حنبل مُثقَلاً بالحديد، ومثُلَ أمامَ المعتَصم، بعد وَفاة المأمون، وعُذِّب بقَساوةٍ لا تَليقُ بأن تحصلَ في عَصرٍ يُوصَفُ بالعقلانيَّة. لذلك كان على المؤلِّف أن يذكر، على الأقلّ،

---

[97] محمَّد جواد رضا: "العرب والتربية والحضارة، الاختيار الصعب"/ مصدر سابق، ص91.

[98] زكي نجيب محمود: "تجديد الفكر العربيّ" (بيروت: دار الشروق، 1971، الفصل المعَنون "ثورة في اللغة، من اللغة تبدأ ثورة التجديد")، ص 38.

هذه البُقعَ السوداءَ التي تُشوّهُ هذا العَصر.

ورُبَّ مُعترِضٍ يقولُ إنَّ المسألةَ في هذا الأمر تتعلَّقُ بالحريَّة لا بالعقلانيَّة.

ومبدأُ حريَّةِ الرأي مبدأٌ تَبلوَرَ وتَطوَّرَ في العصُور المتأخِّرةِ فقط، وخصوصًا في العَصر الحديث، وفي الحضارةِ الغربيَّةِ حَصرًا.

فالمأمون كان عقلانيًّا، لكنَّ حُريَّةَ الرأي لم تكُن من الأمورِ المقرَّرة اجتماعيًّا.

لكنَّني أرى غيرَ ذلك، والله أعلَم، كما يقولُ فقهاؤُنا الأفاضِل. فمن جهةٍ، أرى أنَّ مبدأ حريَّة الرأي يرتبطُ بالعقلانيَّة، وهنا يطولُ الشَرحُ الفلسفيُّ والتاريخيّ؛ ومن جهةٍ أُخرى، فإنَّ مبدأَ حريَّةِ الرأي موجودٌ قديمًا، ومسألةَ التطبيق مسألةٌ أُخرى، فهل يُطبَّقُ هذا المبدأُ في عَصرنا هذا بإخلاصٍ وبحريَّةٍ فعلاً (حتى في أكثرِ البُلدانِ تقدماً)؟ فقد وردَ في بعضِ الآيات "لكم دينُكم ولي دينِ" و"وجادِلْهم بالتي هي أحسن." ويُنسبُ إلى الرسول (ص) قولُه: "اختلاف الأئمَّة نعمة"؛ كذلك يُنسب إلى الشافعيِّ قولُه: "رأيي صوابٌ يحتملُ الخطأَ، ورأيُكَ خطأٌ يحتملُ الصوَاب."

ونعودُ إلى صُلبِ الموضوع فنقول: مع أنَّنا نتَّفق مع الدكتور جواد رِضا بشأن أهميَّة مبدإ العقلانيَّة، بمعناها ومَداها النسبيَّين، في ازدهارِ الحضارةِ العربيَّةِ الإسلاميَّة، فإنَّنا نعتقدُ أنَّ الظواهرَ الاجتماعيَّة، ولاسيَّما فيما يتعلَّقُ بظهور الحضاراتِ وازدهارها

وسُقوطها، لا ترتبطُ بسببٍ واحدٍ أو بسببَين بل بعدَّةِ أسبابٍ مُتفاعلةٍ ومُتوازيةٍ ومُتكاملة. وقد شرحتُ ذلك بقَدْرٍ من التفصيل في الفَصل الثاني من كتاب "أزمة التطوُّر الحضاريّ في الوطن العربيّ". [99] كما إنَّ المؤلف نفسَه يتجنَّبُ ما أسماهُ "واحديَّة السَبب" في تفسير أحداثِ التاريخ، بل يرفضُها[100].

في أيِّ حال، نحن لا نختلفُ معه في أنَّ العَرب "مواجَهونَ اليومَ بقضيَّتين: العقلانيَّةِ في التعامُل مع الكَونِ والإنسان، من جِهة، وقضيَّةِ العَدل الاجتماعيِّ أو الارتفاعِ بالإنسانِ ذاتهِ إلى مَركز القيمةِ الخُلقيَّةِ العُليا، على هذه الأرض، من جهةٍ أُخرى"[101].

ويَرى أنَّ التربيةَ قُوَّةٌ اجتماعيَّة، مَن يمتلكُها يمتلكُ القُدرةَ على تَقرير مَصير المجتمَع.

وإذْ نؤيِّدُ هذه النظرةَ الأخيرَة إلى التربيةِ كقوَّةٍ تُقرِّرُ مَسيرةَ المجتمع ومَصيرَه، نُلاحظ الجدَلَ القائمَ اليومَ حولَ مسألة "الغَزوِ الثقافيّ" للوطنِ العربيِّ والإسلاميّ، بمُختلفِ أشكالهِ وتأثيراتهِ المباشَرة وغير المباشَرة. ومنها، فضلاً عن تسخيرِ وسائطِ الإعلام المختلِفة، بما فيها الشبكة العنكبوتيَّة (الإنترنِت)، والإلحاحُ على تَعديلِ المناهجِ الدراسيَّة، بل تَغييرُ النصوص "المقدَّسة" التي يؤمنُ بها قرابةُ التسعين في المئةِ من سكَّانِ

---

99 الأعرجي، "أزمة التطور الحضاري..."، بغداد: دار عدنان، ط 4، ص51.

100 محمَّد جواد رضا: "العرب والتربية والحضارة، الاختيار الصعب"، مصدر سابق ص 222.

101 المصدر السابق، ص 216

الوطنِ العربيّ. وبوجهٍ عامٍ ثمَّة اتِّفاقٌ على خَطرِ هذا الغَزوِ على الهُويَّةِ الثقافيَّةِ المتميّزة للمجتمعِ العربيّ.

ومع ذلك هناكَ اختلافاتٌ كبيرةٌ داخلَ هذا المجتمع حولَ نوعيَّةِ المناهج الدراسيَّةِ وسُبُلِ تحديثِها أو تَشذيبِها. والاختلافُ الأكبرُ يتعلَّقُ بوجهتَي النظَرِ السلفيَّةِ والحداثيَّة. ومن الواضح أنَّ جواد رِضا ينتمي إلى الاتِّجاهِ الثاني. ومع ذلك لا يَصرفُ النظرَ عن تَرسيخ الهُويَّةِ الثقافيَّة، وعدمِ الخروج عن تعاليمِ الشريعةِ الإسلاميَّة، بل يَستندُ إلى نصُوصِها وكِبارِ مُنظِّريها ومُفكِّريها في تبرير وُجهة نَظرِه وتَعزيزها. لذلك لا يُمكن اعتبارهُ تغريبيًّا، لكنَّه تحديثيٌّ مُستنيرٌ ومُبدِع؛ وليس تابعًا، بل بارعٌ في إيرادِ الحُجَجِ والبراهين في عَرضِ وُجهةِ نظَره.

وأستشهدُ هنا، ببحثٍ تربويٍّ آخر، طرحَه جواد رضا في مُناسبةٍ أُخرى، يُقدِّمُ فيه رأياً مشهورًا لِعَلَمٍ من أعلام الفِكر العربيّ القديم، لإسنادِ نظرتهِ العقلانيَّةِ نفسِها إلى "العقلانيَّةِ والعَلمانيَّة" في التربيةِ والتَعليم، وهو أبو حيَّان التوحيديّ، حيثُ يقولُ في مَعرضِ تمييزهِ بين الدِّين والفلسفَة، في كتابهِ "الإمتاعُ والمؤانَسة": "إنَّ الفلسفةَ حقٌّ ولكنَّها ليستْ من الشريعةِ في شيء... والشريعةُ حقٌّ ولكنَّها ليست من الفلسفةِ في شيء... وصاحبُ الشَرْعِ مَبعوثٌ وصاحبُ الفلسفةِ مبعوثٌ إليه، وأحدُهما مخصوصٌ بالوَحْي والآخَرُ مخصوصٌ ببحثِه، والأوَّلُ مَكفيٌّ والآخَرُ كادِح، وهذا يقولُ أُمِرتُ وعُلِّمتُ وقيلَ لي وما أقولُ شيئًا من تِلقاءِ نفسي، وهذا يقولُ نظرتُ واستَحسنتُ واستقبحْتُ، وهذا يقولُ نورُ العَقل أهتدي به، وهذا يقولُ معي نورُ خالقِ الخَلْق

أمشي بضيائِه، وهذا يقولُ قال الله تعالى وقال الملكُ... وهذا يقولُ قال أفلاطون وقال سُقراط."[102]

ويَعتبرُ، مفكِّرُنا، جواد رضا، أنَّ العقلانيَّة والإيمانَ بكرامةِ الإنسان هما اللذان كوَّنا أهمَّ مُنطلقاتِ الحضارةِ الحديثة، **"هذه الحضارةُ التي جعلتنا كعربٍ تابعين لها ومُفتقِرين إلى مُنتجاتها، ليس بسببِ قلَّة كفاءاتنا الطبيعيَّة، بل بسبب فسادِ التربيةِ وجُبنِها أو نِفاقِها، في اقتحام هذين المجالَين الحيويَّين: العقلانيَّة في التعامُل مع الكَون والنظام الاجتماعيِّ، والإيمانِ بالإنسان كقيمةٍ مركزيَّةٍ في هذه الحياة."**[103]

وهنا أرجو أن يُلاحظَ القارئُ أنَّ الكاتبَ ينتقدُ تبعيَّتَنا للحضارةِ الغربيَّة، ويُحاولُ أن يُوجِدَ سبيلاً جديدًا مُبتكَرًا ينبثقُ من حاجاتِ المجتمَع الخاصَّة وثقافتِه المتميِّزة.

وهكذا يَرى أنَّ "عَصرنةَ المؤسَّسةِ التربويَّةِ العربيَّة يَعني بالضرورةِ "عَلمنَتها". وإذا أفلحْنا في اشتقاقِ طريقةٍ ذكيَّةٍ في العلمنة ـــ وهذا غيرُ مُتعذِّرٍ إذا صمَّمنا عليه ـــ فإنَّنا بذلك نُحرِّر ذاتَنا عقليًّا من دون التَفريط بقِيَمِنا الثقافيَّةِ العُليا. إنَّ العَلمنةَ هنا لا تَعني أكثرَ من تَنشئةِ الأجيال على وَعيِ العَصر وقبولِهِ والتكامُل معه لاحتلالِ مركزٍ فيه، وذلك بتَمكينها (يقصد الأجيال) من مَعرفةِ القُوى الفِعليَّةِ الحاكِمة في هذا العَصر وتَقديرِها. وهذا

---

102 محمَّد جواد رضا: "الثقافة الثالثة: الجامعات العربيَّة وتحدّي العبور من برزخ الثقافتين"، بحث منشور في كتاب "التربية والتنوير في تنمية المجتمع العربيّ" (بيروت: مركز دراسات الوحدة العربيَّة، 2002)، ص 94.

103 محمَّد جواد رضا: "العرب والتربية والحضارة، الاختيار الصعب"، مصدر سابق، ص 218.

من عمل المنهج المدرسيّ"[104].

وهنا يبدأ تَوصيفهُ لوسائل التربيةِ المقترحَة، فيقول: "إنَّ الكفاياتِ التربويَّة الأساسيَّة التي يجبُ أن يُحقِّقها التعليمُ في الأطفال هي كفاياتُ الضرورةِ الوظيفيَّة للعيشِ في العالم المعقَّد الذي صاروا يُولَدون فيه"[105]. ويوجِزُ العُددَ التربويَّة التي يلزمُ أن يكتسبَها الأطفالُ بما يَلي:

"1- الكفايةُ في استعمالِ اللغةِ القوميَّة ومهاراتها المتنوّعة، مثل الكلام والقراءة والكتابةِ والإصغاءِ والملاحَظة، مع تأهيلهم لامتلاكِ لغةٍ عالميَّةٍ أُخرى"[106]

وهنا يَنبغي أن نُضيفَ أنَّ عدَّةَ مفكِّرين بارزينَ من العَرب يؤكِّدون قُصورَ اللغةِ العربيَّة، وأهميَّةَ تَحديثِها وتَطويرِها لتنسجمَ مع مُتطلَّباتِ العَصر الحديثِ من جهة، وبُغيةَ أن تَقتربَ لغةُ الكلام إلى لغةِ الكتابة والقراءة، وبذلك تكونُ لغةُ التفكير تَنطبقُ على لغةِ التَعبير.

ومن بين أهمِّ المفكِّرين الذين تعرَّضوا لهذا الموضوع نذكرُ محمَّد عابد الجابريّ.[107]

كما بحثَ المفكِّر هشام شرابي موضوعَ إشكاليَّة اللغةِ العربيَّة بعُمقٍ في كتابهِ "النظام الأبويّ وإشكاليَّة تخلُّف المجتمع العربيّ".

---

104 المصدر السابق، ص 232

105 المصدر السابق، نفس الصفحة.

106 المصدر السابق، نفس الصفحة.

107 انظر الجابري" تكوين العقل العربي"، بيروت: مركز دراسات الوحدة العربية،ط 5، ص75 وما بعدها.

كذلك بحثَ زكي نجيب محمود هذا الموضوع، في كتابهِ "تجديد الفكر العربيّ".

ونرى أن إشكالية اللغة العربية من أهم العقبات التي تحول دون تطوير العقل العربي، ولاسيما العقل المجتمعي الذي يترابط مع اللغة، باعتبار أن اللغة نفسها تعتبر جزءاً من العقل المجتمعي، من جهة أنها منتج اجتماعي بامتياز. فنحن نتكلم كما نفكر ونفكر كما نتكلم.

ومن جهة أخرى، فنحن نعتقد أن الفكر يتجاوز اللغة لأن الفكر منتج طبيعي، بينما اللغة منتج رمزي تعارف عليه أعضاء المجتمع وتطور وتكيف خلال الأجيال المتعاقبة بشكل عفوي تبعاً لتطور مظاهر الحياة وبواطنها. اللغة العربية ظلت إلى حد بعيد، ثابتة خلال الأربعة عشر قرناً الماضية. ويعود السبب في ذلك، كما أعتقد، إلى النص المقدس، الذي قد تخبو قيمته بتغير قواعد اللغة، أو إصلاحها. وهذا موضوع آخر يستحق الدراسة في مجال آخر.

"2- التمكُّن من العمليَّاتِ العلميَّةِ الأساسيَّةِ كالقياس والتَخمين والتَقدير والعمليَّاتِ التفاضُليَّة."

"3- التمرين على استعمالِ المبتكَراتِ الرمزيَّةِ مثل الحاسِب الآليّ والأدواتِ العلميَّةِ الأساسيَّة"[108]

ثمَّ يتعرَّضُ الكاتبُ لبعض النواقصِ السَائدةِ في تربيةِ الأطفال

---

108 محمَّد جواد رضا: "العرب والتربية والحضارة، الاختيار الصعب"، مصدر سابق، ص 232.

على وَجه العُموم، ومنها:

أ- اغتيالُ الحريَّةِ في الطفل: يقولُ في هذا الشأن: "إنَّ الأطفالَ كثيرًا ما يُزقّون أفكارَ الآخرين، فإذا استدخلوها ظنُّوها أفكارَهم الخاصَّة... وهذا هو المرادُ بتزييفِ الشُعور الإنسانيّ"[109]

وهذا ينطبقُ تمامًا على نظريَّتنا في "العَقل المجتمعيِّ"، التي تَقضي بأنَّنا جميعًا ضَحايا هذا الماردِ الجبَّار الذي يَستولي على عُقولنا، لأنَّ الكبارَ يُغرقونَنا بتعاليمهِ منذُ الصِغَر فيتشوَّه "عقلُنا الفاعِل" الذي يُولد معنا أصلاً، ويتحوَّلُ بالتدريج إلى "عَقلٍ مُنفعل"، أي خاضعٍ للعَقل المجتمَعيّ، الذي يُكرِّسُ جميعَ القِيَم والمسلَّماتِ السائدةِ في المجتمع. وهكذا حينما نُعبِّرُ عن مبادئ هذا "العَقل المجتمعيِّ"، بل نُروِّج لها ونعظِّمُها ونُبرِّرها، نظنُّ، خطأً، أنَّها أفكارُنا الخاصَّة، فنُدافعُ عنها بحماسةٍ غالبًا وبضَراوةٍ أحيانًا، لأنَّنا مُشبَعون بها منذُ نعومةِ أظفارنا.

وفي هذا الصَدد، يُشير محمَّد جواد رضا إلى أنَّ مَواحقَ تأسيس حريَّتنا مصدرُها "العُرف والعاداتُ أو التربيةُ الدينيَّة المنحازَةُ أو التلقينُ السياسيّ؛ وهذه كلُّها تسلبُ المتعلِّمَ حقَّه في اختيارِ أفكارهِ الخاصَّة وتَقودهُ إلى "التوافق القَسْريّ" compulsive conformity مع الواقع الاجتماعيّ؛ الأمرُ الذي يؤدِّي بعموميَّتهِ إلى جُمودِ المجتمع ومَنع تقدُّمه. وبموجبِ هذا النَوع من التوافُق يتحوَّلُ الإنسانُ إلى كائنٍ آليٍّ يفقدُ روحَه"[110]. وهنا أُذكِّر بنظريةِ الفيلسوف برتراند رَسل،

---

109 المصدر السابق، ص 233

110 المصدر السابق، نفس الصفحة.

المشروحةِ في الفصل السابق، التي تؤكِّدُ نفسَ المعنى بجلاءٍ وتَقَحُّمٍ فلسفيٍّ وواقعيّ.

وتعقيباً على استنتاج جواد رضا أن "الإنسانُ العربي يتحول إلى كائنٍ آليٍّ"، أُؤكد أسباب هذا التحول بالسجون التي يتعرض لها العقل العربي: التي ذكرناها في مناسبة سابقة:

العقل العربيّ سجينُ سلطات متعددة، سواء رسميّة أو مجتمعيّة، ثقافيّة ودينيّة، خارجيّة أو ذاتيّة، وكلها تتعاونُ وتتفاعلُ للتأثير المركبِ على طريقة تفكيره ثم على سلوكه وتصرفه ونظرته إلى الأمور، مثلا:

-العقلُ العربيّ سجينُ السلطة الحاكمة القاهرة التي تواصلت منذ قرابة أربعة عشر قرناً (أي بعد الخلافة الراشدة، باستثناء خلافة عمر بن عبد العزيز): الخلافات (جمع خِلافة) الفاسدة، والحكم المملوكي، والحكم العثماني، والحكم الاستعماري، وأخيراً الحكم الوطني الجائر الذي تجاوز في قهره وعسفه أحيانا جميع العصور السابقة.

-العقلُ العربيّ سجينُ قَهره السياسيّ الذي يفرضُ عليه أن يُصفِقَ للحاكم بأمره، الذي أو ينتخبَه مثنىً وثلاثَ ورُباع، ويُسبّح بَحمدِه جهرا ويلعنه سرا.

-العقلُ العربيّ سجينُ ضرورات وحاجات الجسد اليومية من غذاء ودواء وبحث عن عمل يعيله وأسرته.

- العقلُ العربيّ سجينُ تخلفِه الحضاريّ الذي دام أكثر من سبعة قرون، وخاصة منذ سقوط بغداد.

- العقلُ العربيّ سجينُ قَهره الاجتماعيّ الذي يفرضُ عليه أن يُفكِّرَ ويتصرَّفَ ويسلكَ تبعًا لِمُستلزماتٍ ومُحدَّدات ومسلمات العقل المجتمعيِّ السائد. والمفارقة الكبرى أن الإنسان العربي يخضع لهذه المسلمات القاهرة دون وعي، بل تصبح جزءاً من عقله الواعي يدافع عنها ويتزايد عليها باعتبارها تمثلُ قيَّمه الخاصة.

- العقلُ العربيّ سَجين في "زنزانة" مُحكَمة لا يرى فيها سوى أشباح السلَف الصالح الذي عاش ومات قبل أربعة عشر قرنا، وهو لا يزال يتوسَّل إليه وبه عبثاً لحَلِ مشاكل عصره الراهن!

- العقلُ العربيّ سَجين لا تاريخيَّته، التي تفرضُ عليه حضورَ القديم جنبًا إلى جنب مع الجديد، حضوراً يُنافسه بل يُكبِّله. فالإنسان العربيّ يعيش ماضيه لا باعتباره يُشكلُ جزءًا أساسياً من حاضره وحسب، بل حتى من مستقبله أيضًا.

- العقلُ العربيّ سجينُ خلافاته الدينيَّة والمذهبيَّة والطائفيَّة والإيديولوجيَّة، التي تمتدُّ جذورُها إلى العصر الجاهلي. إذ تفاقمت المنافسة بين الأمويين والهاشميين، ثم أصبحت نزاعاً شرساً عند ظهور الإسلام، الذي حاربه الأمويون بعنف وإصرار، لأنه يحرمهم من مركز السيادة في مكة. وبعد نجاح الإسلام تفجرت "الفتنة الكبرى"، التي كنا وما نزال نعاني منها. وتتجلى في الحروب الأهلية القائمة في المشرق العربي.

- العقلُ العربيّ سجينُ تمزُّقه بين عصرٍ متقدِّم يغلي بالحركة والتطوُّر، وعصرِه الثابت التالد، الذي لا يزال يعيش فيه في كنف الخليفة الراشد عُمر بن الخَطاب، والخليفة الصالح عُمَر بن عبد العزيز...

- العقلُ العربيّ سجينُ بداوتِه العريقة التي لا تزال تفرضُ قِيَمَها العشائريَّة المؤدِّية، بين أُمورٍ أُخرى، إلى تفضيل النَّسَب، والحسب والجاه، لا الكفاءة، أساسًا لاختيار الرجُل الصالح في المنصب الملائم، كما إلى تمجيد السلف، واحتقارِ المِهنة (من فعل مَهَنَ أي حقّرَ وأضعفَ).

- العقلُ العربيّ سجينُ النظام الأبَويّ Patriarchy system الذي يفرضُ التراتب والفَوقيَّةَ الشموليَّة، وتمجيد الزعيم الأوحد، وينتظر المستبد العادل، فضلا عن احترام الراعي والأكبر والأقوى. كما يقبل سيادة الرأيَ الواحد، ويُحاربُ النقدَ والتعدُّديَّة الإيديولوجيَّة والاختلافَ الفكريَّ الذي يُؤدِّي إلى الإبداع والتقدُّم. ومن هنا أيضا يأتي وضعُ المرأةِ في مستوى أقل من الرجل دائماً.[111]

بعد هذا التعليق المُسهب، نعود إلى تتمة استعراض آراء جواد رضا:

ب- قَمعُ الذاتيَّة الفرديَّة: "إنَّ قمعَ المشاعر التِّلقائيَّةِ ومن ثمَّة

---

111 انظر الأعرجي، "أزمة التطور الحضاري في الوطن العربي" على الرابط المجاني التالي: https://drive.google.com/file/d/0B7-yP9NKQgUrZHdPdlZCSUtPYTg/view?usp=sharing

تَعويقَ نموِّ الفرديَّةِ الأصيلةِ يبدآن في وَقتٍ مُبكِّرٍ جدًّا؛ في المراحِلِ الأولى من تَربيةِ الطِفلِ أو تدريبِهِ على ضروراتِ التكيُّفِ الاجتماعيّ"112.

ويُشيرُ الكاتبُ إلى دراساتٍ تؤكِّدُ وجودَ صراعَ مُبكِّرٍ بين مشاعرِ الأطفالِ التلقائيَّةِ وسُلطةِ الكِبارِ. ويقولُ إنَّ التربيةَ الملائمةَ تمنعُ هذا الصراعَ "إذا كانت تهدفُ إلى تَعزيزِ وتَوسِعَةِ مساحةِ الاستقلالِ الداخليّ والتوجُّهِ المستقلِّ عند الطِفلِ، وبهذا تَكفُلُ نموَّهُ السَويَّ ووحدةَ شخصيَّتِهِ. ويُردفُ قائلاً: "ولكنَّ الواقعَ الثقافيَّ الذي يُحيطُ بالطفلِ يميلُ في الغالبِ إلى إلغاءِ التِلقائيَّةِ العَفويَّةِ فيه، ويميلُ إلى التَعويضِ من الأفعالِ النفسيَّةِ الأصيلةِ بمشاعِرَ وأفكارٍ ورغباتٍ مقبولةٍ من الآخرين." ويُلاحظُ أنَّ هؤلاءِ الآخرينَ يتطيَّرونَ من هذه المشاعرِ الأصيلةِ لأنَّها تقعُ خارجَ التجاربِ الموروثة.113

ويرى أنَّ الكبارَ يَسقطونَ في مَأثمةِ قَتلِ الفِكرِ المستقلِّ لدَى الطفلِ والقضاءِ على العَفويَّةِ التِلقائيَّةِ، وذلك بعدَّةِ وسائلَ؛ منها:

1- تحقيرُ العواطفِ الإنسانيَّةِ: في حينِ أنَّ هذه العواطفَ جزءٌ من الوجودِ الإنسانيّ؛ ويؤدِّي كبتُها إلى السلوكِ المزدَوج، أو السلوكِ المفتَعَلِ الذي لا يُعبِّرُ عن حقيقةِ الذات.

وتعقيباً على ذلك، يزيدُ كاتبُ هذه السطورِ أنَّ كبتَ العواطفِ الإنسانيَّةِ الطبيعيَّةِ، يؤدِّي إلى إصابةِ الطفلِ بعُقدٍ نفسيَّةٍ، وربَّما

---

[112] محمَّد جواد رضا: "العرب والتربية والحضارة، الاختيار الصعب"، مصدر سابق، ص233.
[113] المصدر السابق، ص 134

بأمراضٍ عقليَّةٍ أُخرى، منها الكآبة أو انفصَامُ الشخصيَّة؛ بل قد يُفضي تحقيرُ تلك العَواطف إلى عواقبَ مأساويَّةٍ أكبَر. وقد عرفتُ في مرحلةِ صبَايَ وشبابي ثلاثَ حالاتٍ، على الأقلّ؛ منها حالةُ جُنونٍ حصلَتْ لصديقٍ كنتُ أعتبرهُ أعزَّ وأقربَ أصدقائي في مرحَلة الطفولة، وكنتُ قد حضرتُ بعضَ جلساتِ التَحقير التي يتَعرَّضُ لها. وحالتَا انتحارِ صبيَّين كانا من أصدقائي وكنتُ مُطَّلِعًا على مَدى قَساوةِ الأبوَين عليهما، لأنَّ تحقيرَ الولَدِ وتأنيبَه كانا يَجريان أَمامي أحيانًا. وغالبًا ما كانت تُخفي الأسرَةُ حالاتِ الانتحارِ في مجتمعاتِنا وتَعزُوها إلى الموتِ بسببِ حادثٍ أو مَرض، خوفًا من الفضيحَة.

وهذه تجارب شخصية حدثت بالصدفة، فما بالكم بمئات أو آلاف الحالات الأخرى التي قد تحدث ولا نعرف عنها، لعدم وجود إحصاءات توثِّـقُها؟

2- وَأْدُ الأصَالةِ الفكريَّةِ عند الطفل: يرى جواد رضا أنَّ التربيةَ عندنا تتَّجهُ إلى تَثبيطِ الطفل من التفكيرِ لنفسهِ بُغيةَ تَزويدِهِ بالأفكارِ الجاهزةِ لَدى الكبَار.

وأرى أنَّ هاتَين الظاهِرَتين التربويَّتين الأخيرَتين تُعبِّران بكلِّ وضوحٍ عن نظريَّةِ العَقل المجتمعيِّ ونظريَّةِ العَقل الفَاعِل والعَقل المنفَعل. فالعواطفُ الإنسانيَّةُ الطبيعيَّةُ تتَنافى وما يخزنهُ العَقل المجتمعيُّ من وُجوبِ تحلِّي الناشئ بالرزانة، والعقلانيَّةِ الزَائفة، لاسيَّما إذا كان ولدًا. أمَّا الأصالةُ الفِكريَّةُ فهي اعتداءٌ على قِيَم المجتمَع.

فالأُسرةُ تلتزمُ عادةً قِيَمَ "العَقل المجتمعيّ" السائِد ومفاهيمَه،

لذلك منَ الطبيعيِ والمنطقيِّ أن يَلتزمَها الطفل. وهكذا تُغذِّي الطفلَ بمبادئ ذلك العَقل بصرفِ النَظر عن عقلانيَّةِ تلك المبادئ وفائدَتها. وعلى نفسِ المنوال نحن نقتُل في الطِفل "عقلَه الفَاعل" الذي يكونُ مُزوَّدًا به منذ ولادتِه، ونُشجِّعُ تنشئةَ وتَعزيزَ "عقلهِ المنفَعل" الذي ينمو على حسابِ الأوَّل. وأرى أنَّ على الأُسرةِ المتنوِّرة أن تجدَ صيغةً توفيقيَّةً تحاولُ أن تُشجِّع الطفلَ على استخدامِ "عَقله الفاعل"، مع تَفهيمهِ وجودَ قِيَمٍ ومُعتقداتٍ وآدابٍ ومُوجِباتٍ مَفروضةٍ من جانبِ المجتمع يجبُ احترامُها أو أخذُها بعين الاعتبار.

وليس من السهولة التوفيق بين هذين النقيضين، ولكنَّ التعامل معهما بحصافة وتأنٍ فكري يمكن أن يتم عن طريق الفهم المنطقي والواقعي لأهمية الجمع بينهما، أو بالأحرى التفاعل الديالكتيكي بينهما.

وبهذه المناسبة أكرر وأؤكد رأيي الوارد في بطون كتاباتي السابقة، الذي يتلخص بأنني أسعى إلى التقدم الفكري: الإبداعي، العلمي والتكنولوجي، دون التفريط بالخصوصية الثقافية للهوية العربية المتميزة، التي تتجلى وتتحلى بالنص القرآني وبالأدب العربي واللغة والفقه وعلم الكلام والشعر والتاريخ...، حيث أرى إن العرب كانوا رائدين فيها.

3-إعطاءُ الطفلِ حقائقَ غير مُترابطة: إنَّ ضخَّ المعلوماتِ المتفرِّقةِ التي لا تُعطى للطفلِ تفسيرًا تكامُليًّا لظواهر الحياةِ يؤدِّي إلى ما يُسمِّيه عِلمُ النفس بالوَهم المرضيِّ pathetic superstition، على حدِّ قولِ الكاتب. ويَرى أنَّ المعلوماتِ

المجزَّأة وحدَها تكونُ مانعًا من التَفكير الصحيح. "هذه التجزيئيَّةُ في التعامُل مع الحقيقةِ هي أخطرُ أساليبِ رَمْي "الإرادة" والقُدرةِ على التفكير بالشَلل عند الأطفال، لأنَّها تُدمِّرُ كلَّ نوعٍ من أنواع حيَازةِ الصُورَ المركَّبة عن العالَم في ذِهن الفَرد"[114].

---

114 المصدر السابق، ص 235

خاتمة

قدَّمنا لمحاتٍ مُوجزةً عن بعض آراءِ محمَّد جواد رضا. لكنَّ هذا ليس كافيًا، فيما أرى، لتقديم فكرةٍ مُلائمةٍ عن هذا المفكِّرِ البَارز.

فهو، مثلاً، يشرحُ ويتعمَّقُ في علاقةِ التربيةِ بالحضارَة؛ وهذا الأمرُ يرتبطُ بأزمةِ التطوُّر الحضاريِّ في الوطن العربيّ بشكلٍ مُباشر.

كذلك يُسهِبُ ويُمعِنُ في بحثِ قضيَّةِ التربيةِ بالمفهوم التاريخيِّ ابتداءً من اليونان (من هوميروس إلى أفلاطون)، وعندَ العَربِ المسلمين، ويتساءلُ هل كانت هناك نظريَّةٌ تربويَّةٌ في الفِكر الإسلاميّ، ثمَّ يُعرِّج على التربيةِ في الفِكر الاشتراكيِّ ثمَّ في الفِكر الليبراليّ.

وحينما يبحثُ الأستاذ رِضا في هذه المراحل التاريخيَّة المتميِّزة، يَستقصي أبعادَ التربيةِ القصيَّة وجذورَها العَصِيَّة. وقد استنتجنا من دراستِنا لِفكر هذا المُربِّي أنَّه يتميَّزُ بأربع صفاتٍ: فهو حَداثيٌّ تُراثيٌّ حَضاريٌّ عَلمانيّ. ولكنَّ بعضَ هذه الصفاتِ تَبدو مُتناقِضة. فكيفَ يُمكن أن يكونَ المفكِّرُ حَداثيًّا وتُراثيًّا في آنٍ واحِد؟

نعم، هذا ممكن، إذا نظرنا إلى التراث نظرة موضوعية، تضعه في موضعه المناسب، فلا نعطيه أكثر من حقه، كما لا

نبخسه هذا الحق. فتراثنا عظيم، ولكننا يجب إن نبحثه بعينين. مرة بعين زمانه ومكانه، خلال القرون الهجرية من الأول إلى السابع، ومرة بعين زماننا الحالي، ونحاول تقويمه في الحالتين. ومن خلال هذا التفاعل الديالكتيكي بين التقويمين، قد نتوصل إلى نتائج مفيدة.

E-KUTUB
Publisher of publishers
Amazon & Google Books Partner
No 1 in the Arab world
Registered with Companies House in England
under Number: 07513024
Email: ekutub.info@gmail.com
Website: www.e-kutub.com
**Germany Office: In der Gass 10,
55758 Niederwörresbach,
Rhineland-Pfalz**
UK Registered Office:
28 Lings Coppice,
London, SE21 8SY
Tel: (0044)(0)2081334132